Questo Libro

Appartient à

AEREO DA COMBATTIMENTO LIBRO DA COLORARE

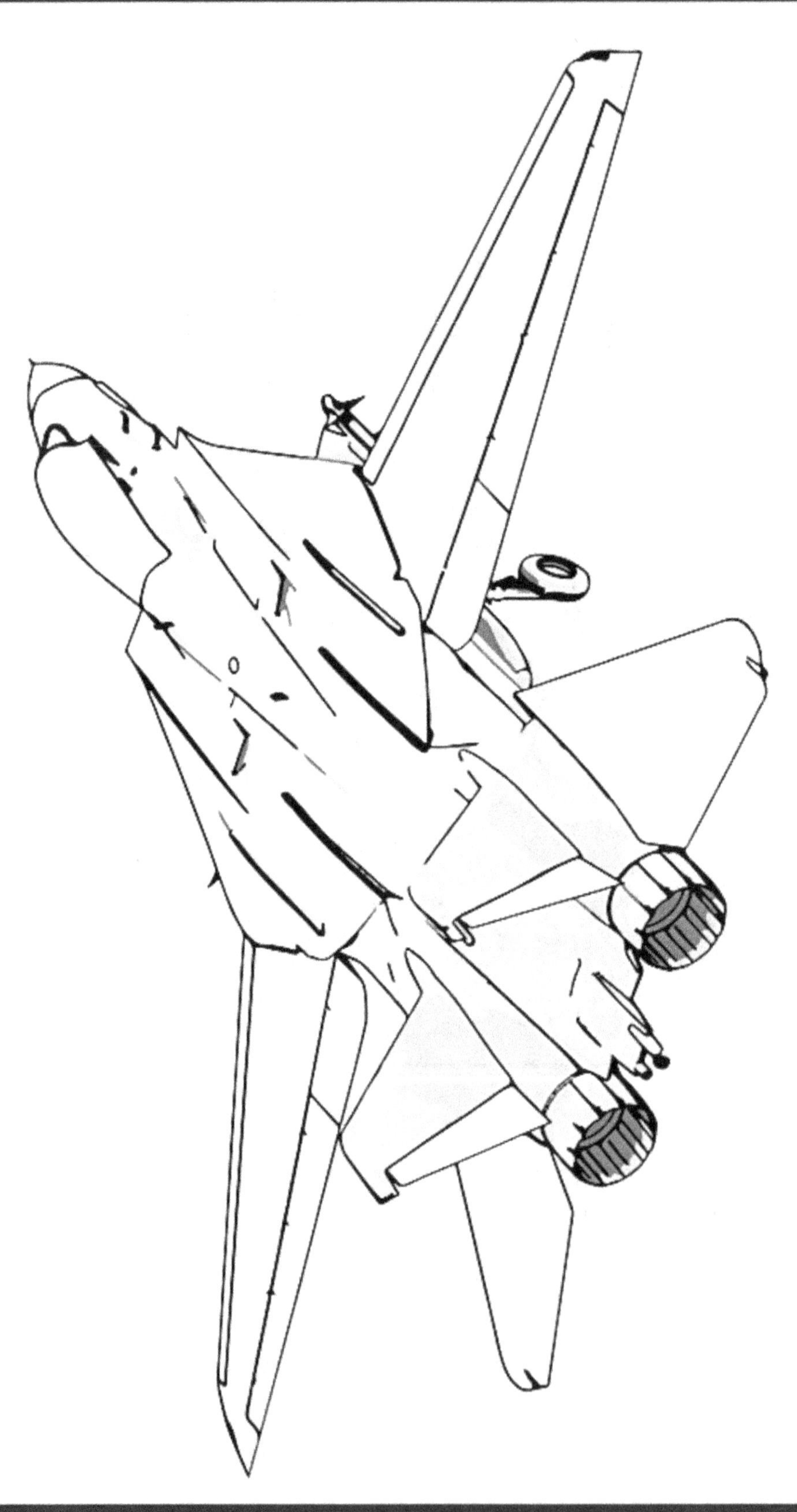

AEREO DA COMBATTIMENTO LIBRO DA COLORARE

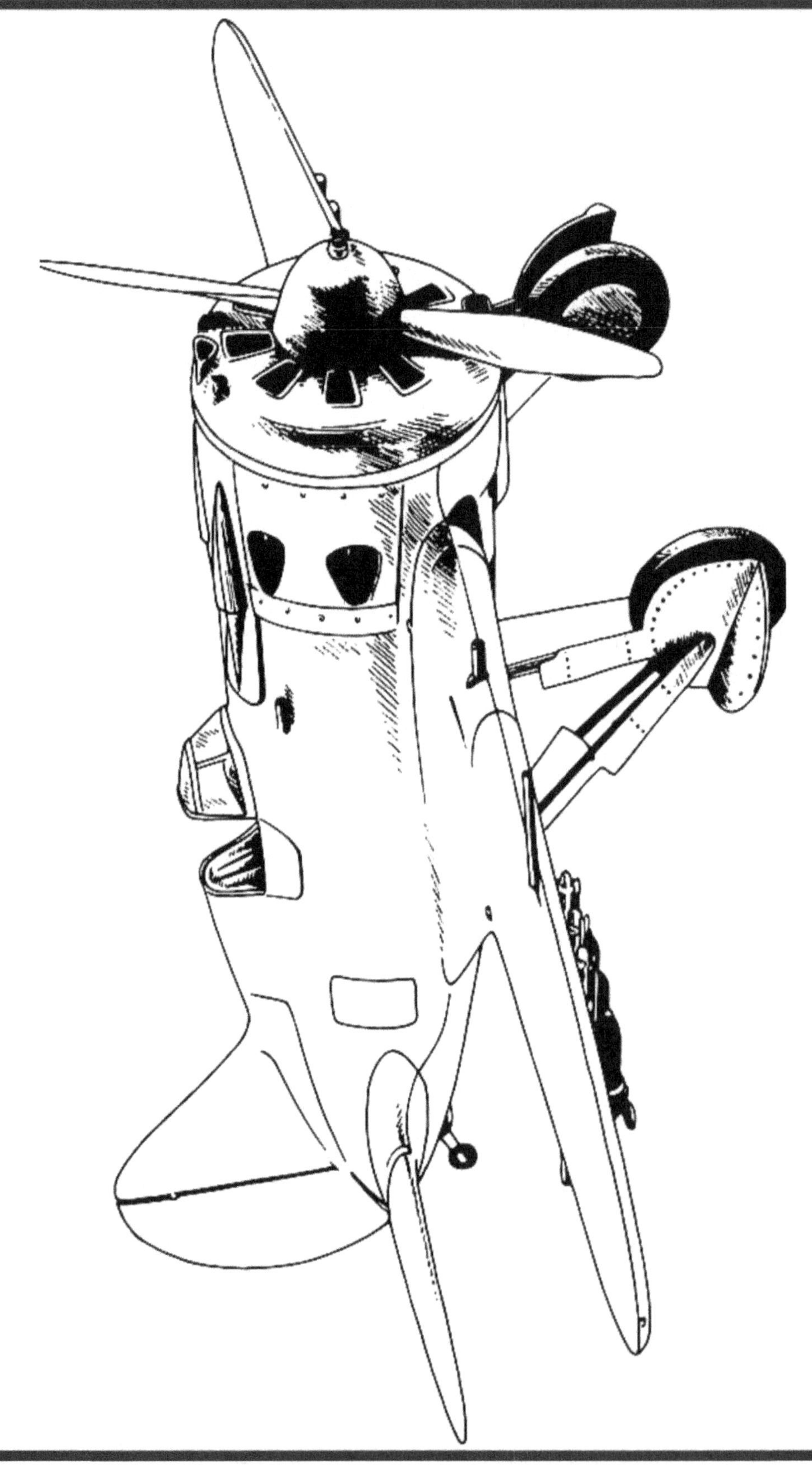

AEREO DA COMBATTIMENTO LIBRO DA COLORARE

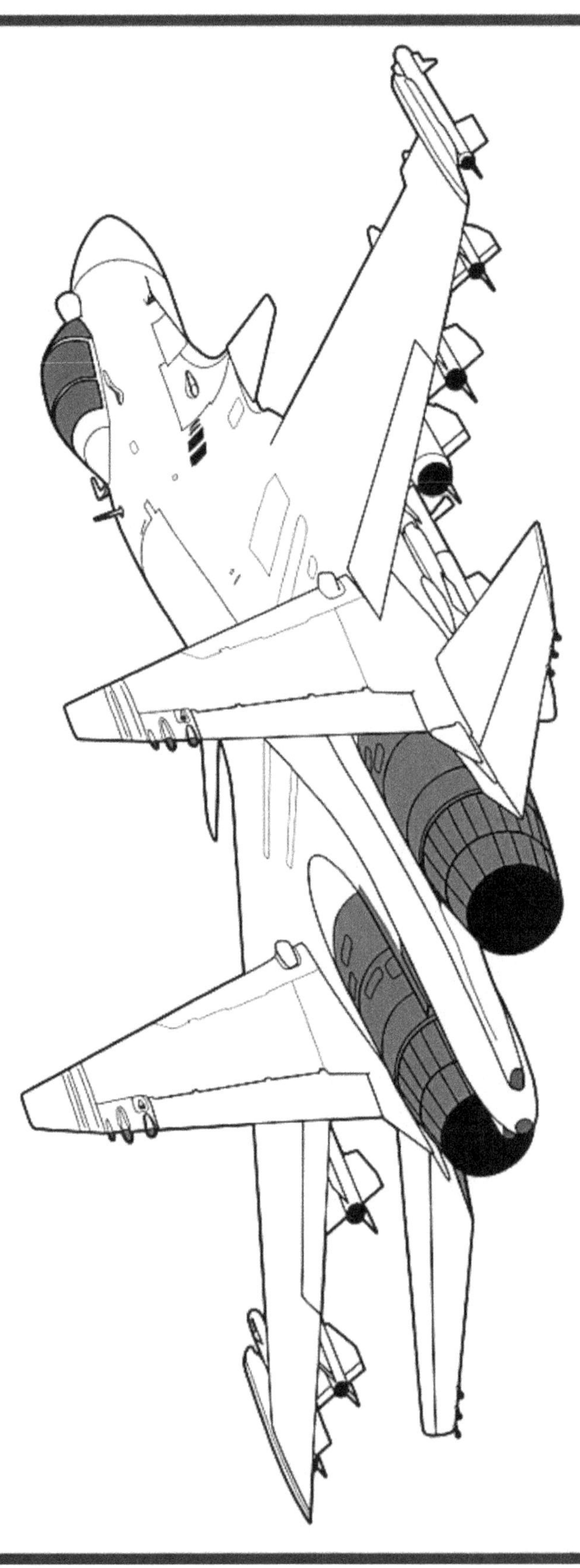

AEREO DA COMBATTIMENTO LIBRO DA COLORARE

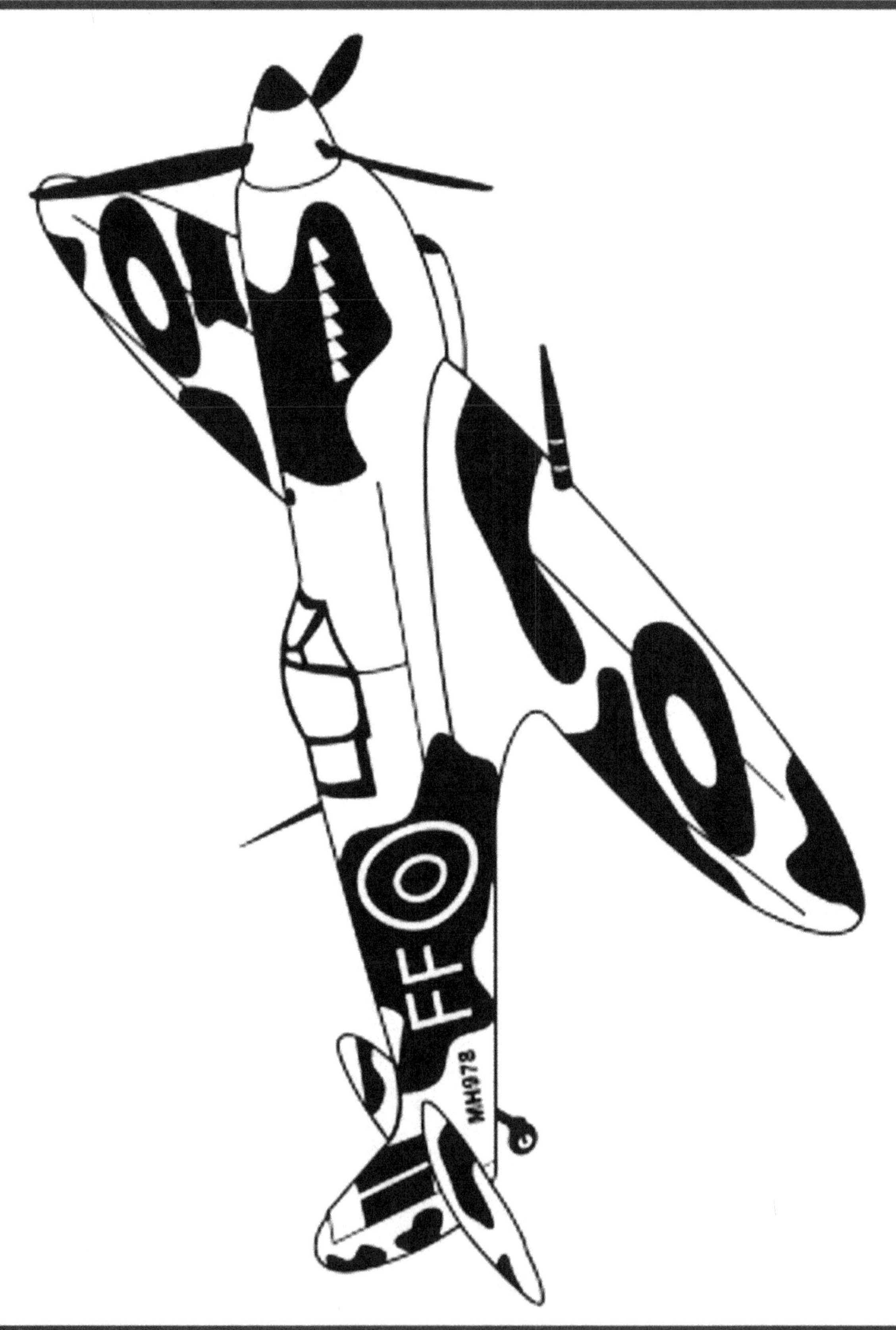

AEREO DA COMBATTIMENTO LIBRO DA COLORARE

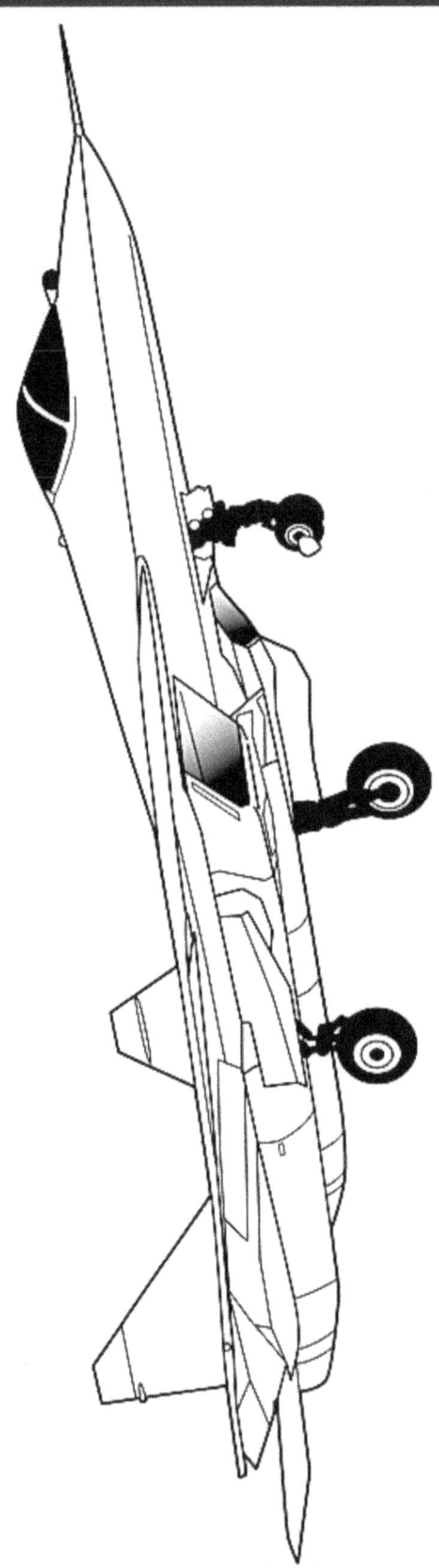

AEREO DA COMBATTIMENTO LIBRO DA COLORARE

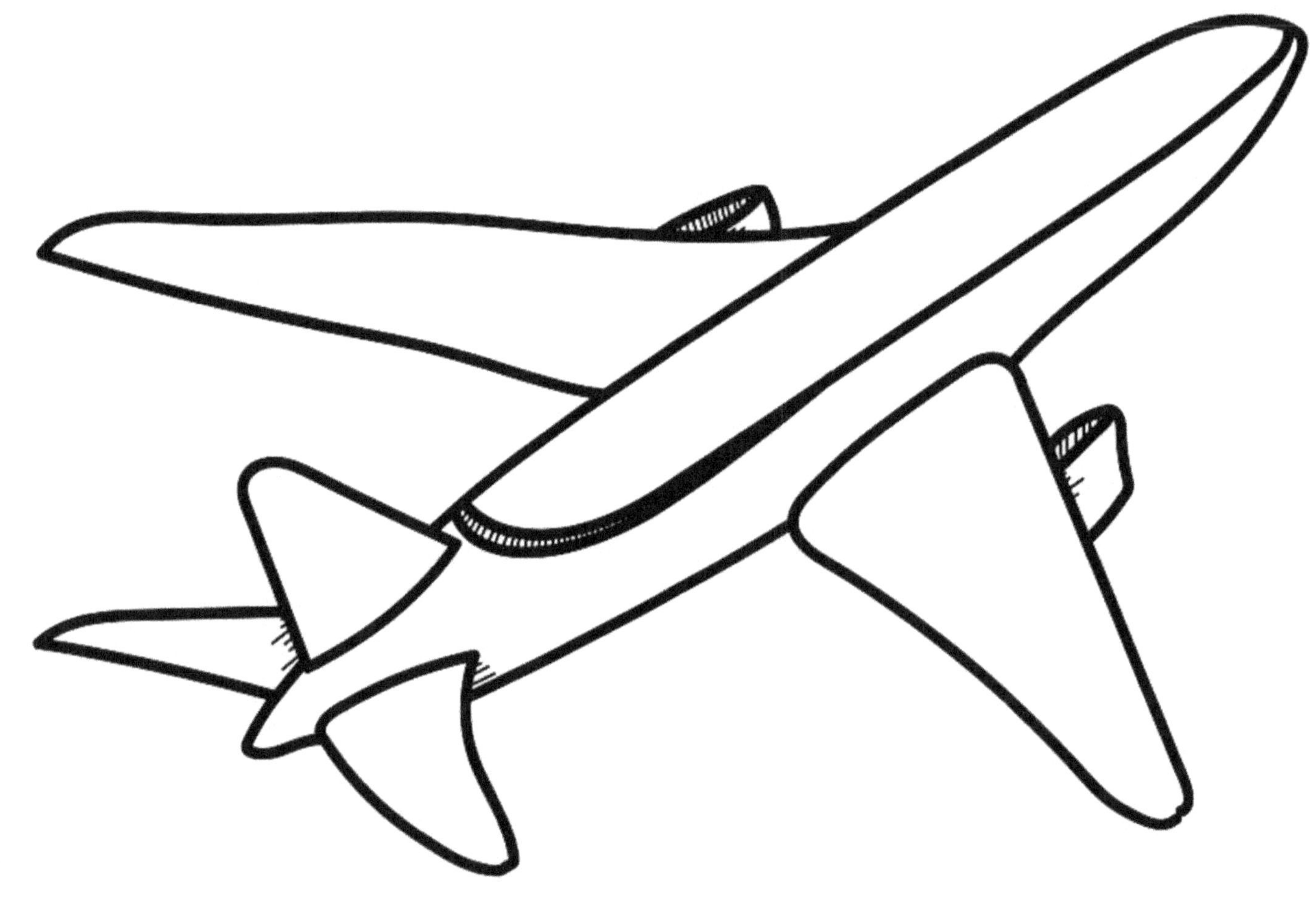

AEREO DA COMBATTIMENTO LIBRO DA COLORARE

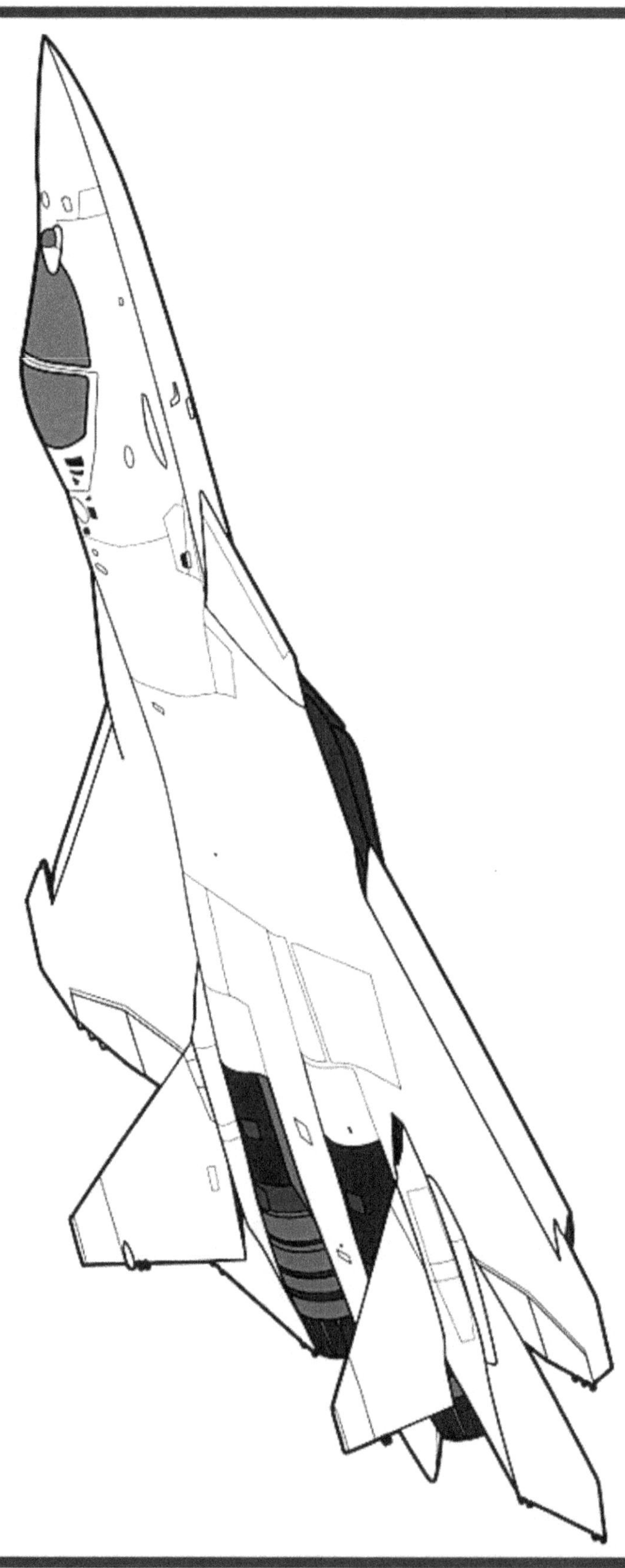

AEREO DA COMBATTIMENTO LIBRO DA COLORARE

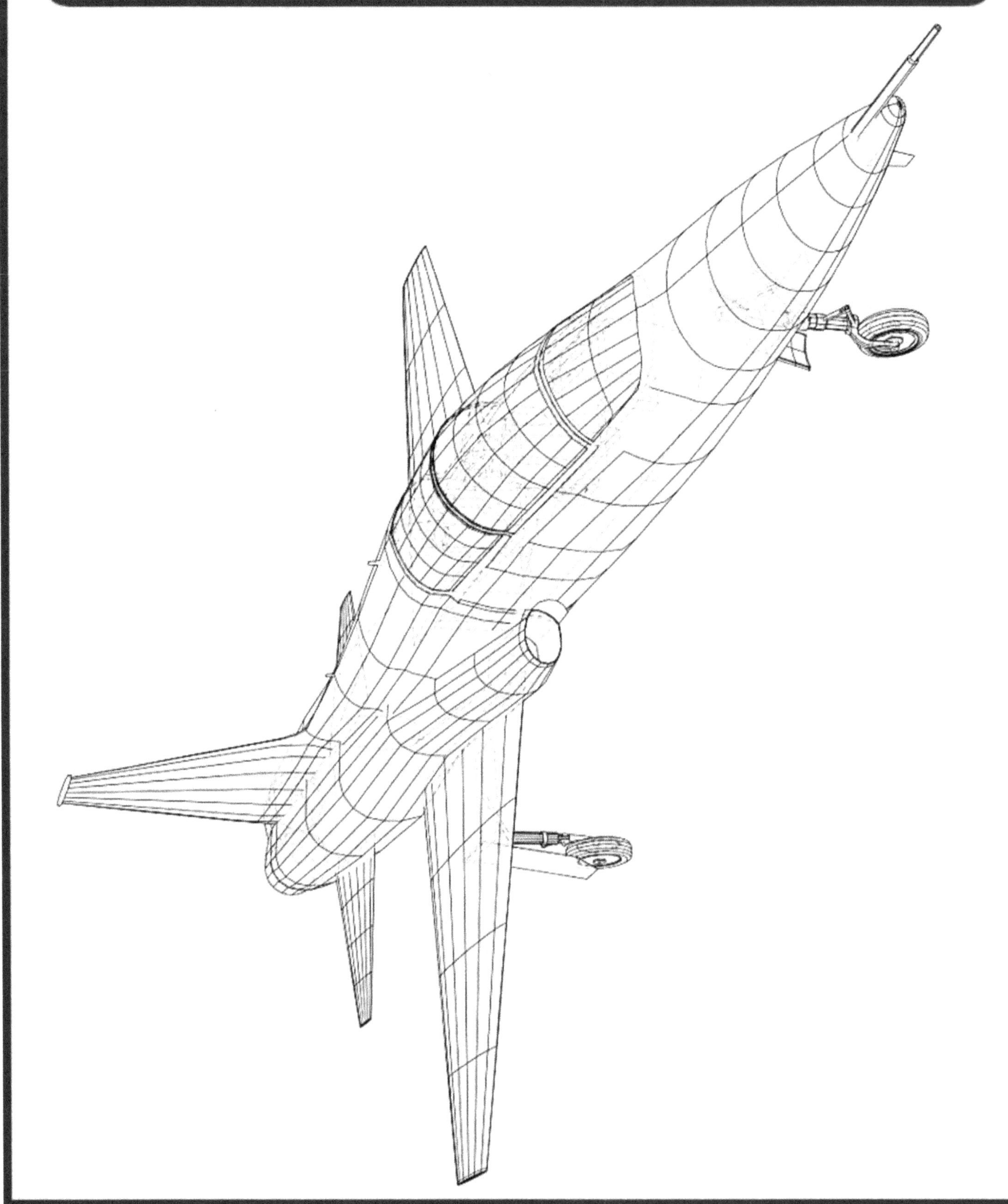

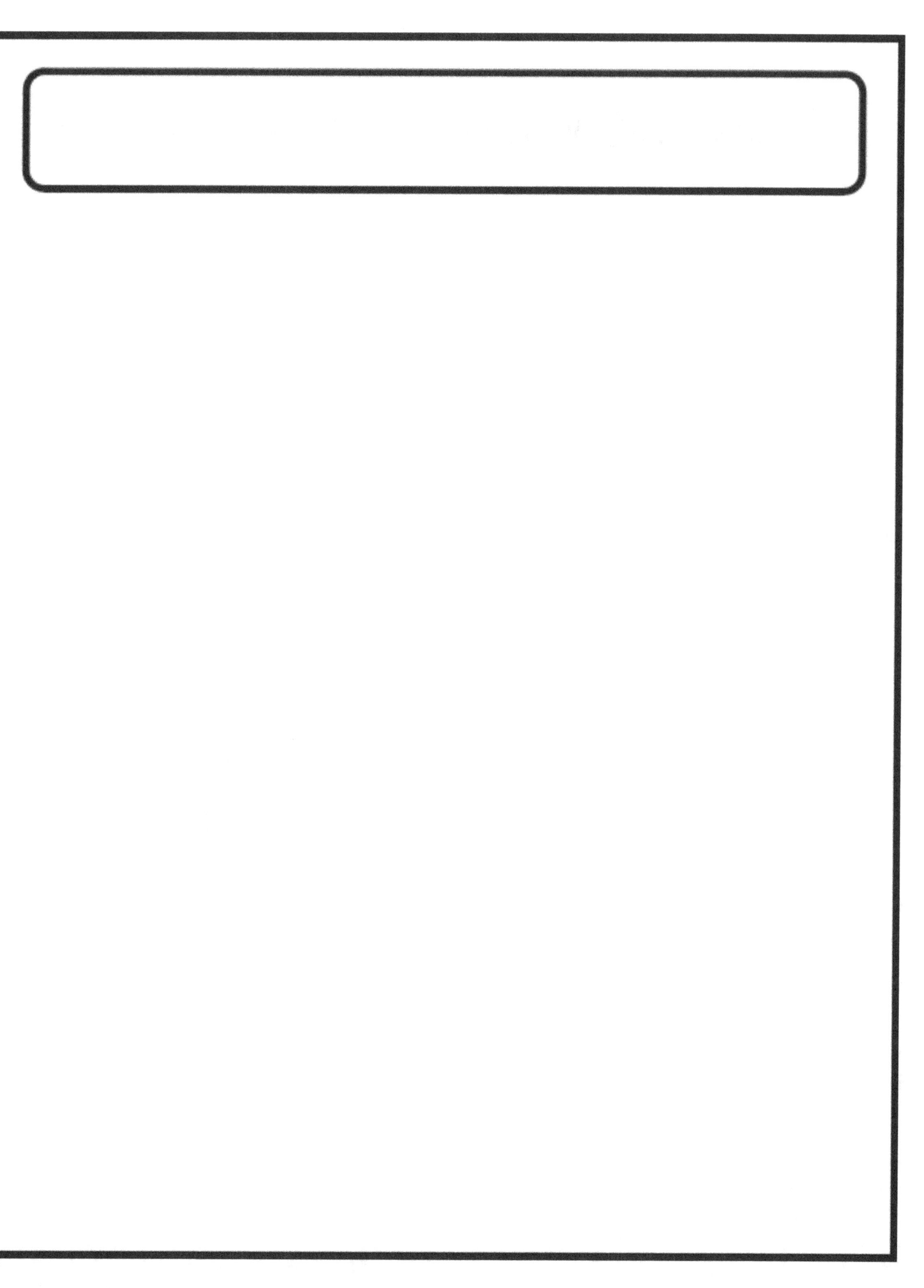

AEREO DA COMBATTIMENTO LIBRO DA COLORARE

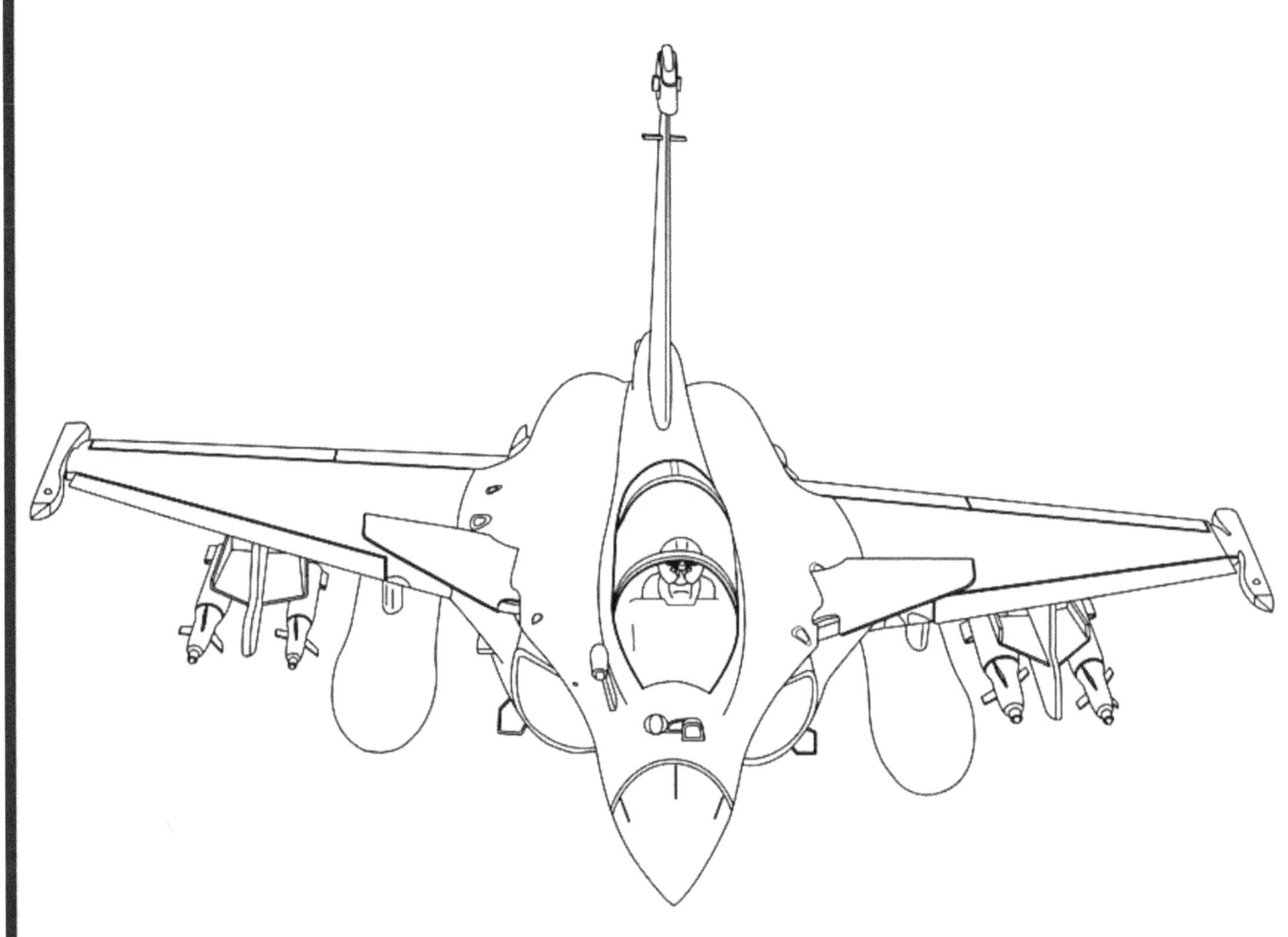

AEREO DA COMBATTIMENTO LIBRO DA COLORARE

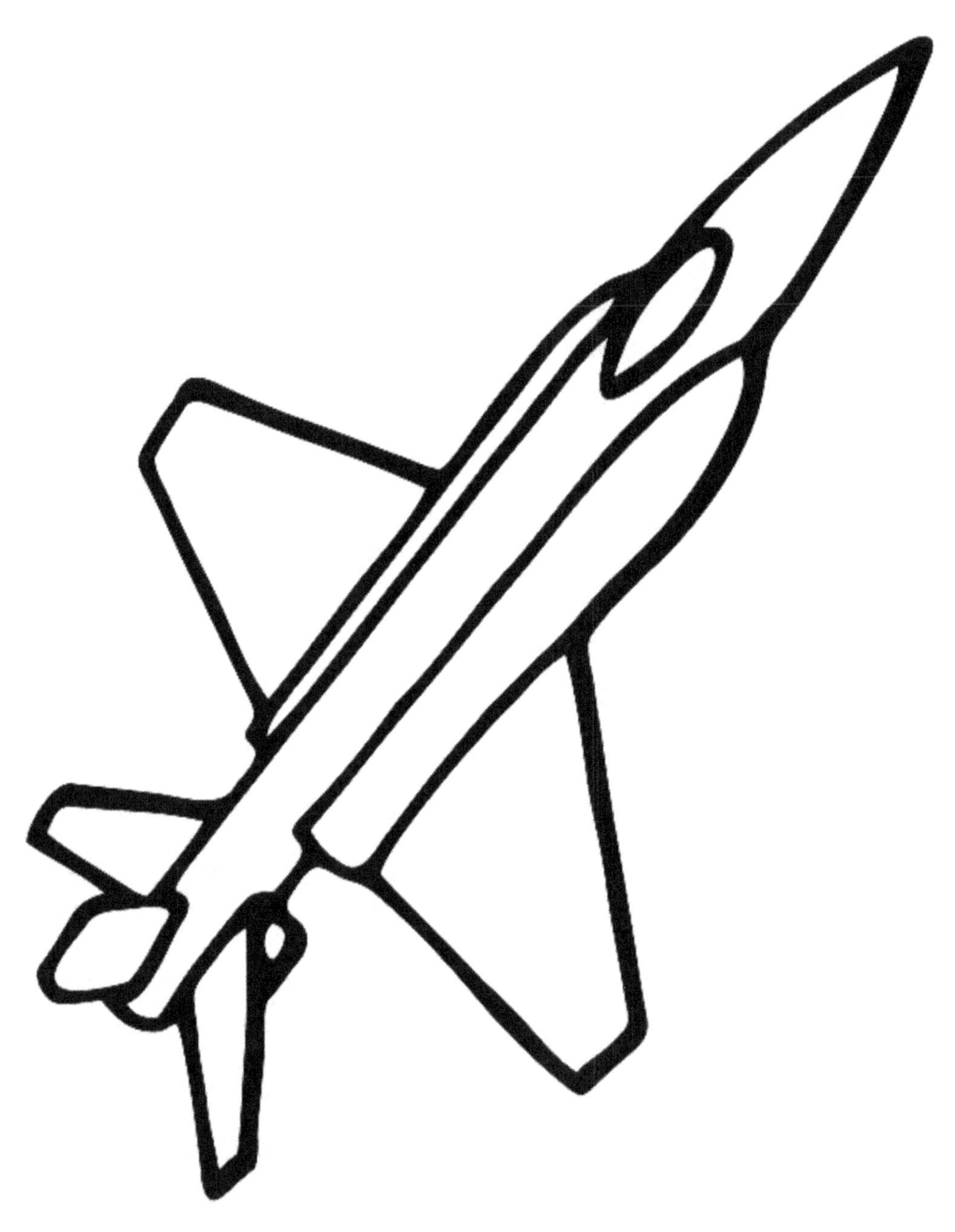

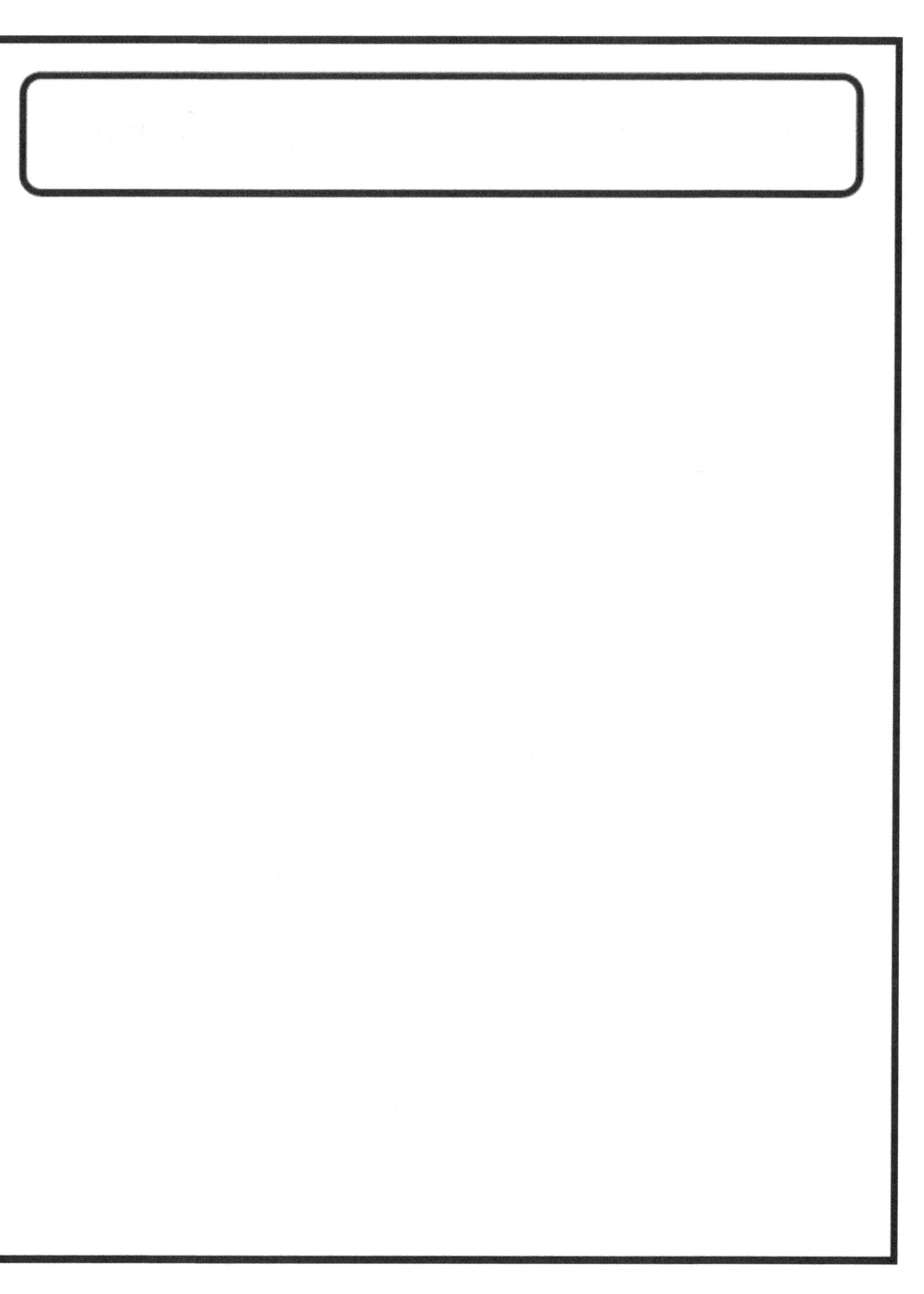

AEREO DA COMBATTIMENTO LIBRO DA COLORARE

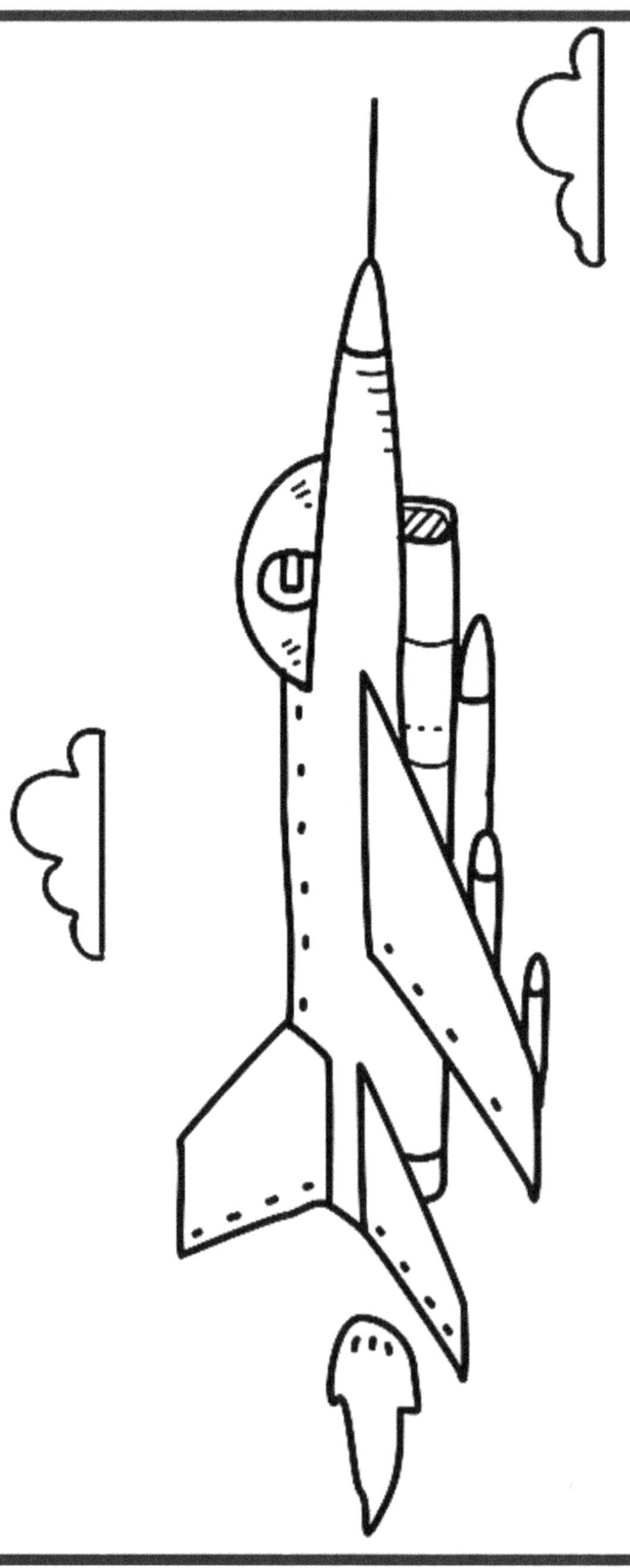

AEREO DA COMBATTIMENTO LIBRO DA COLORARE

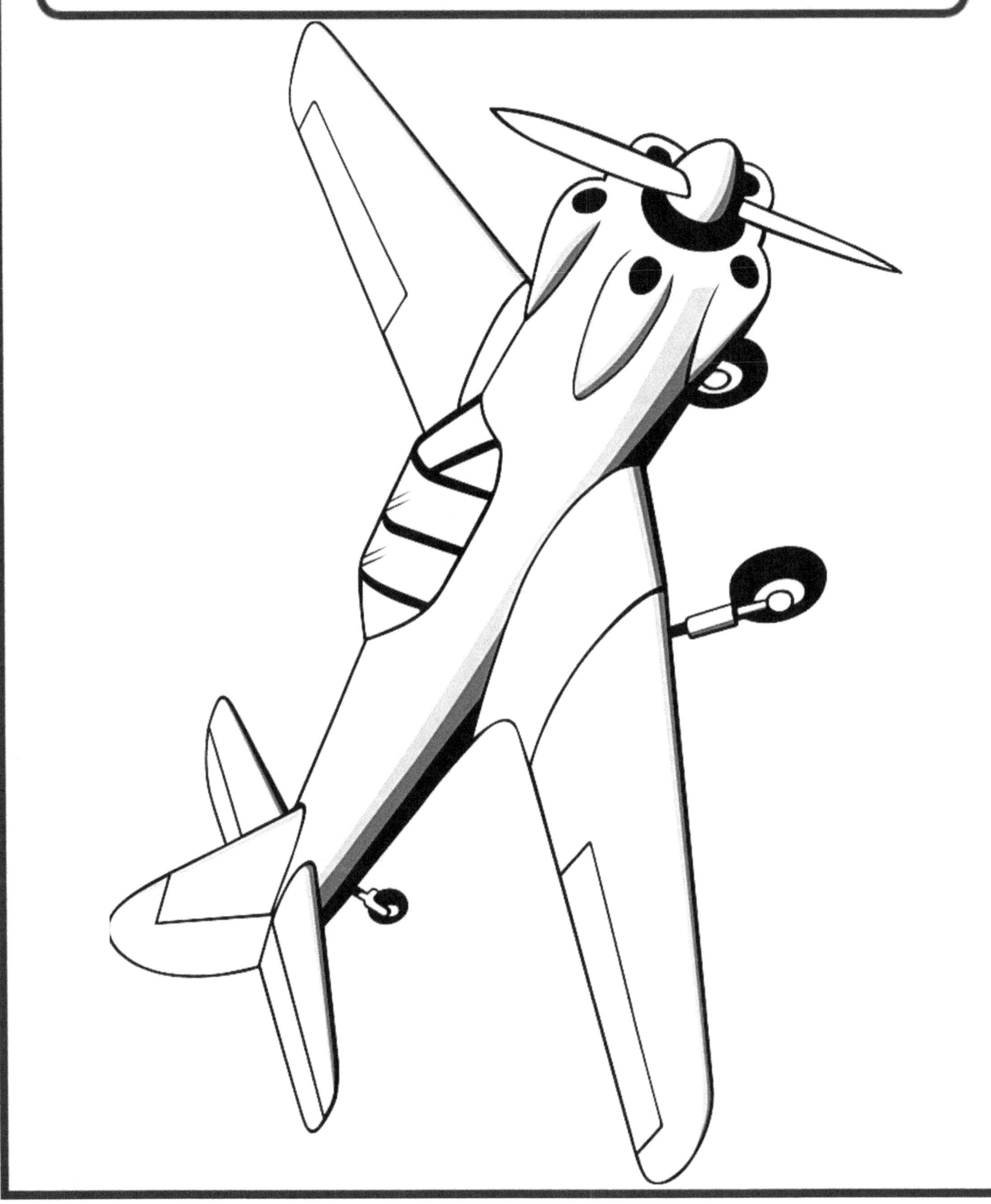

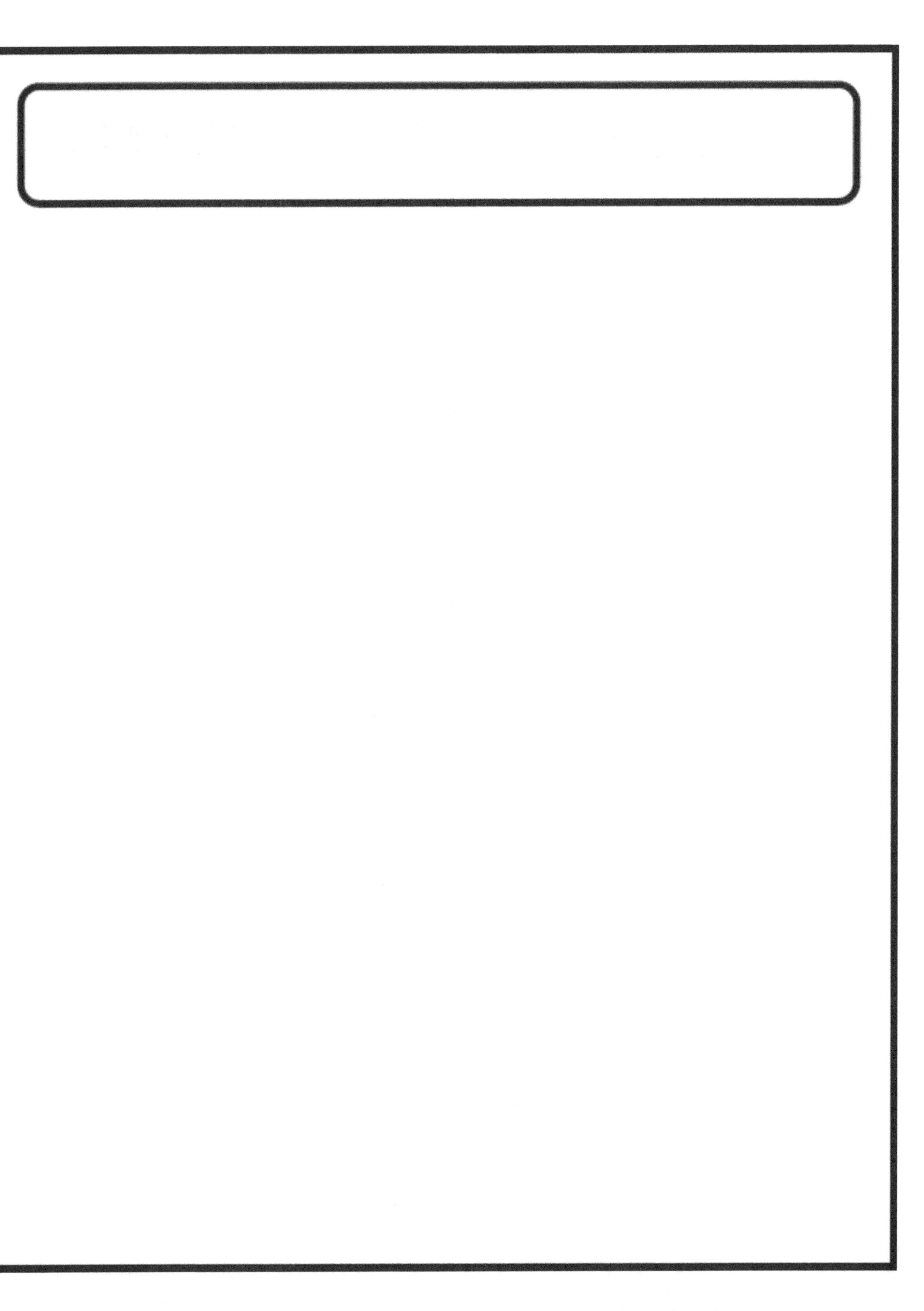

AEREO DA COMBATTIMENTO LIBRO DA COLORARE

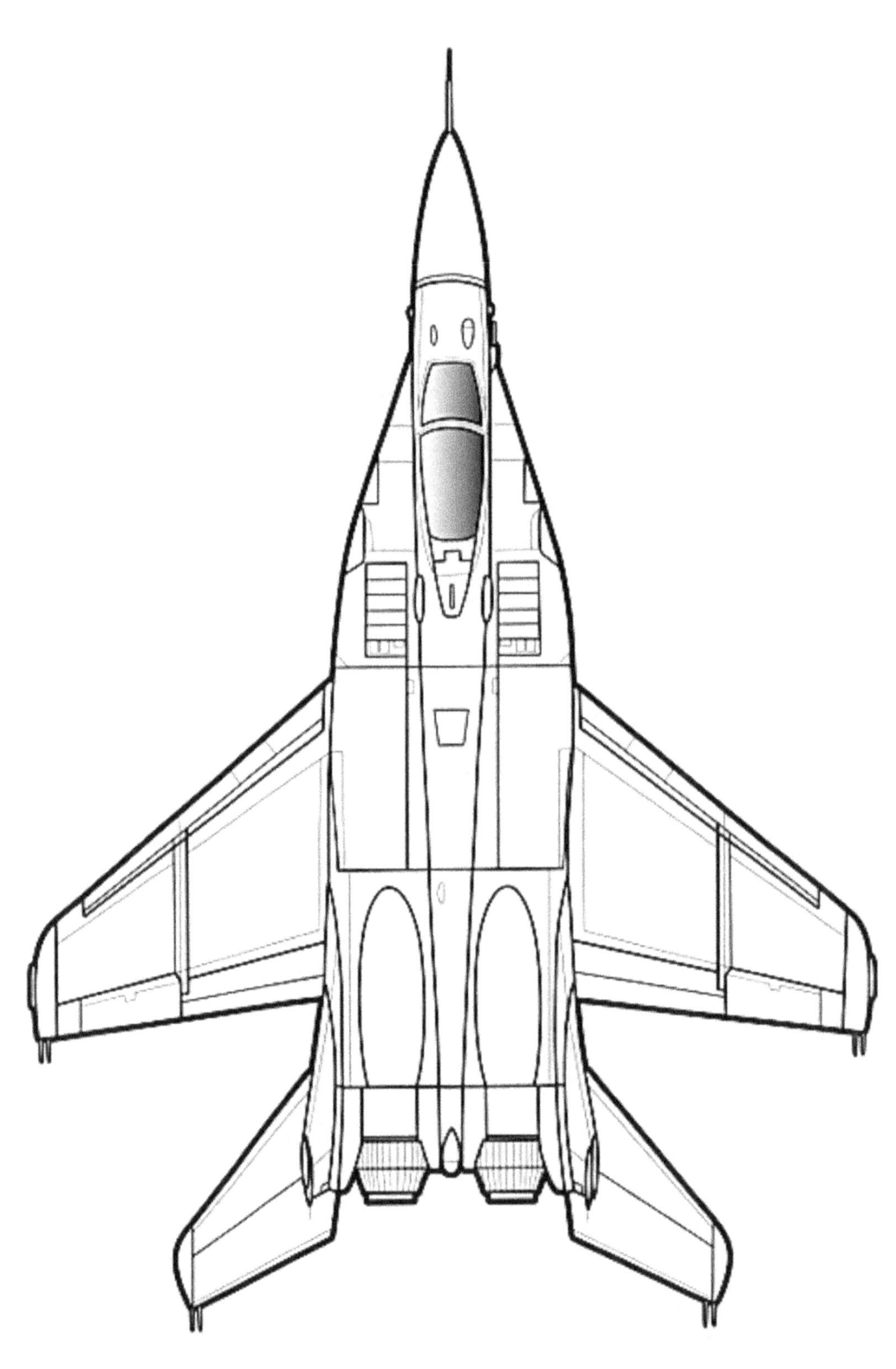

AEREO DA COMBATTIMENTO LIBRO DA COLORARE

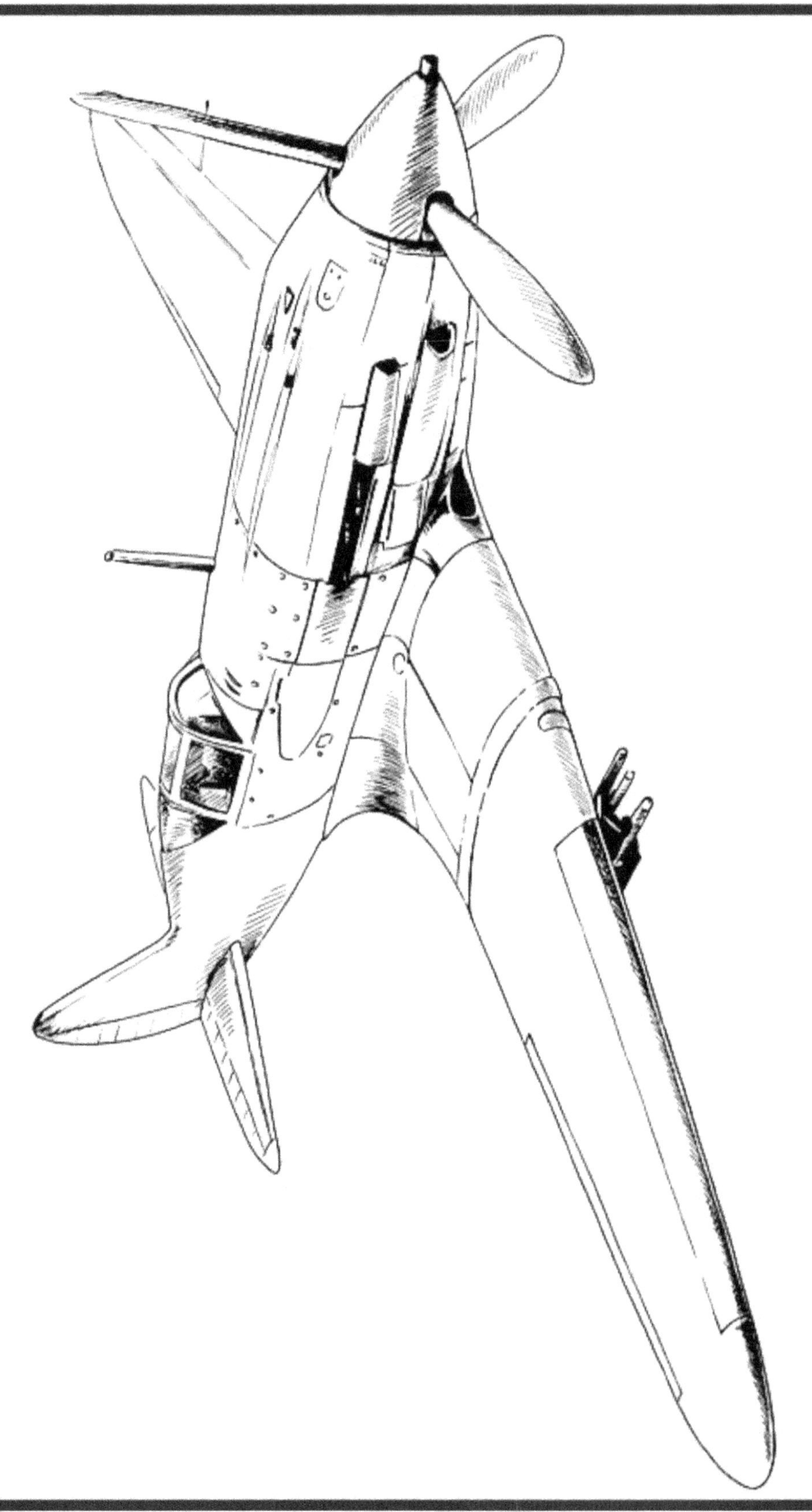

AEREO DA COMBATTIMENTO LIBRO DA COLORARE

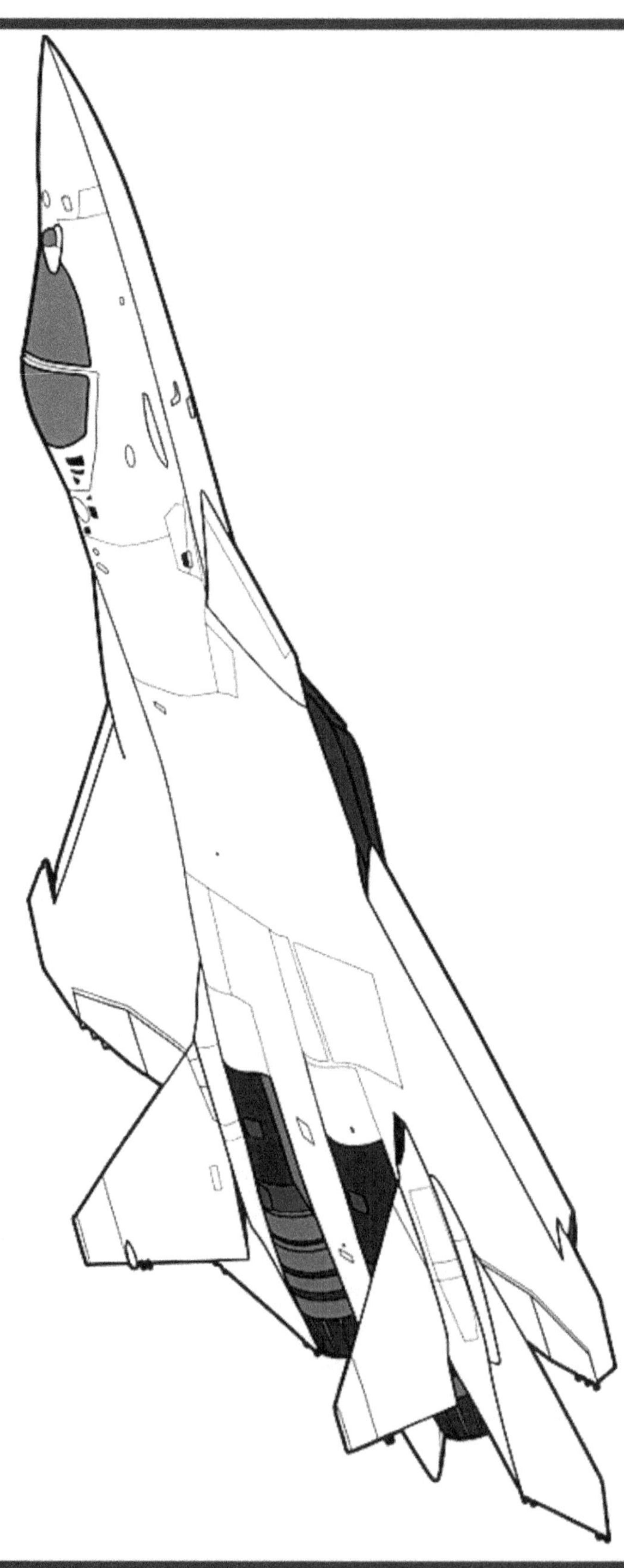

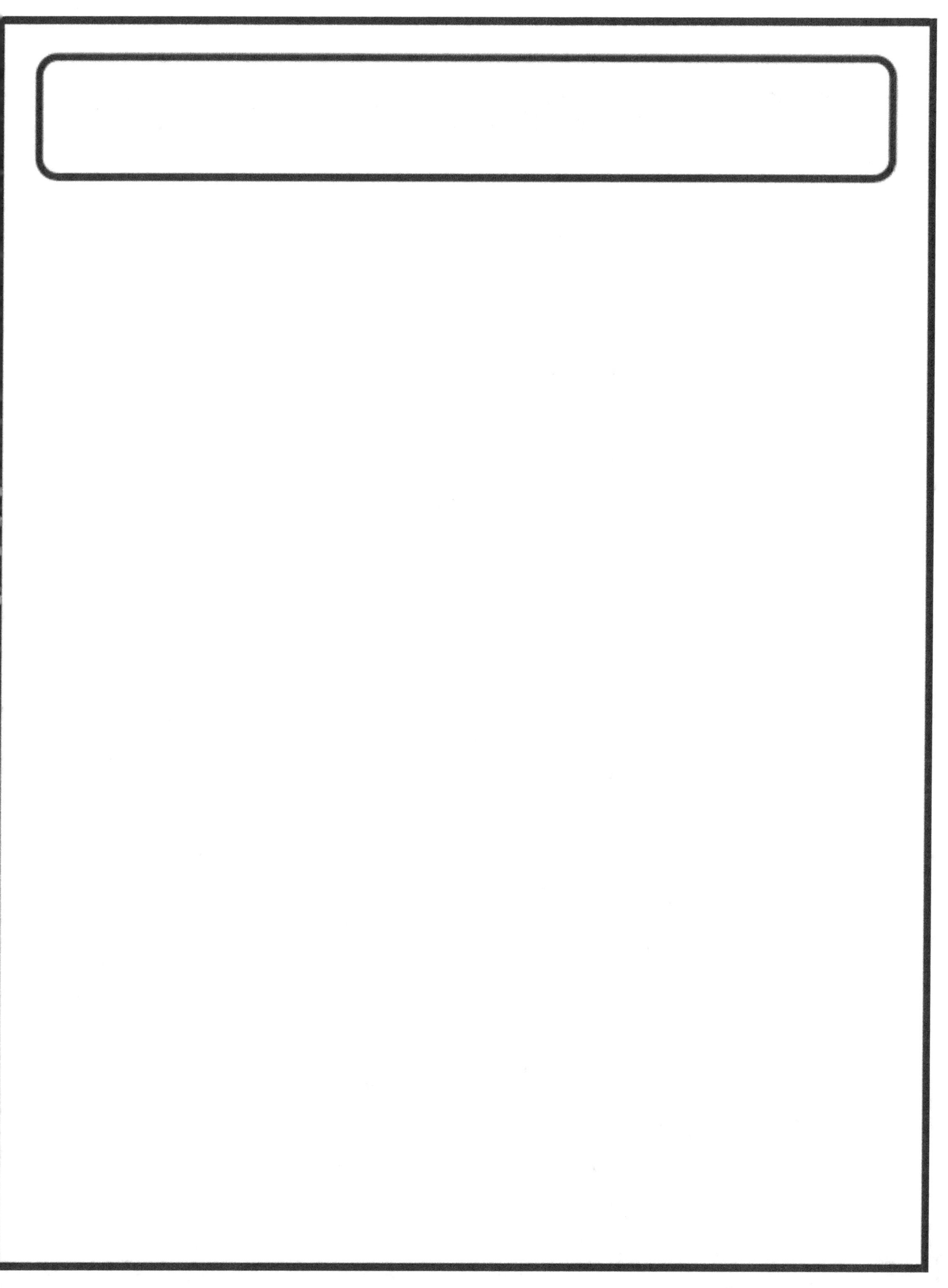

AEREO DA COMBATTIMENTO LIBRO DA COLORARE

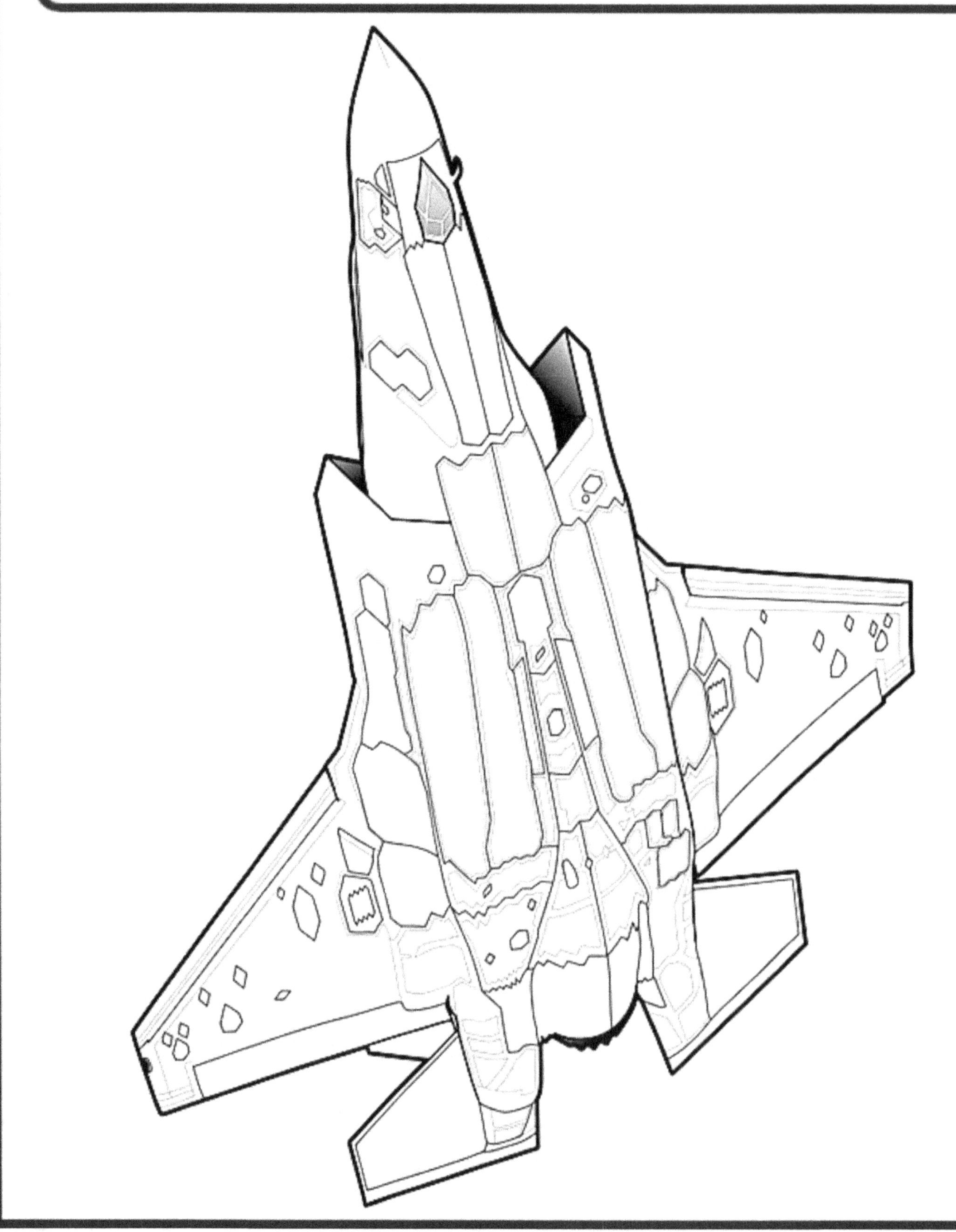

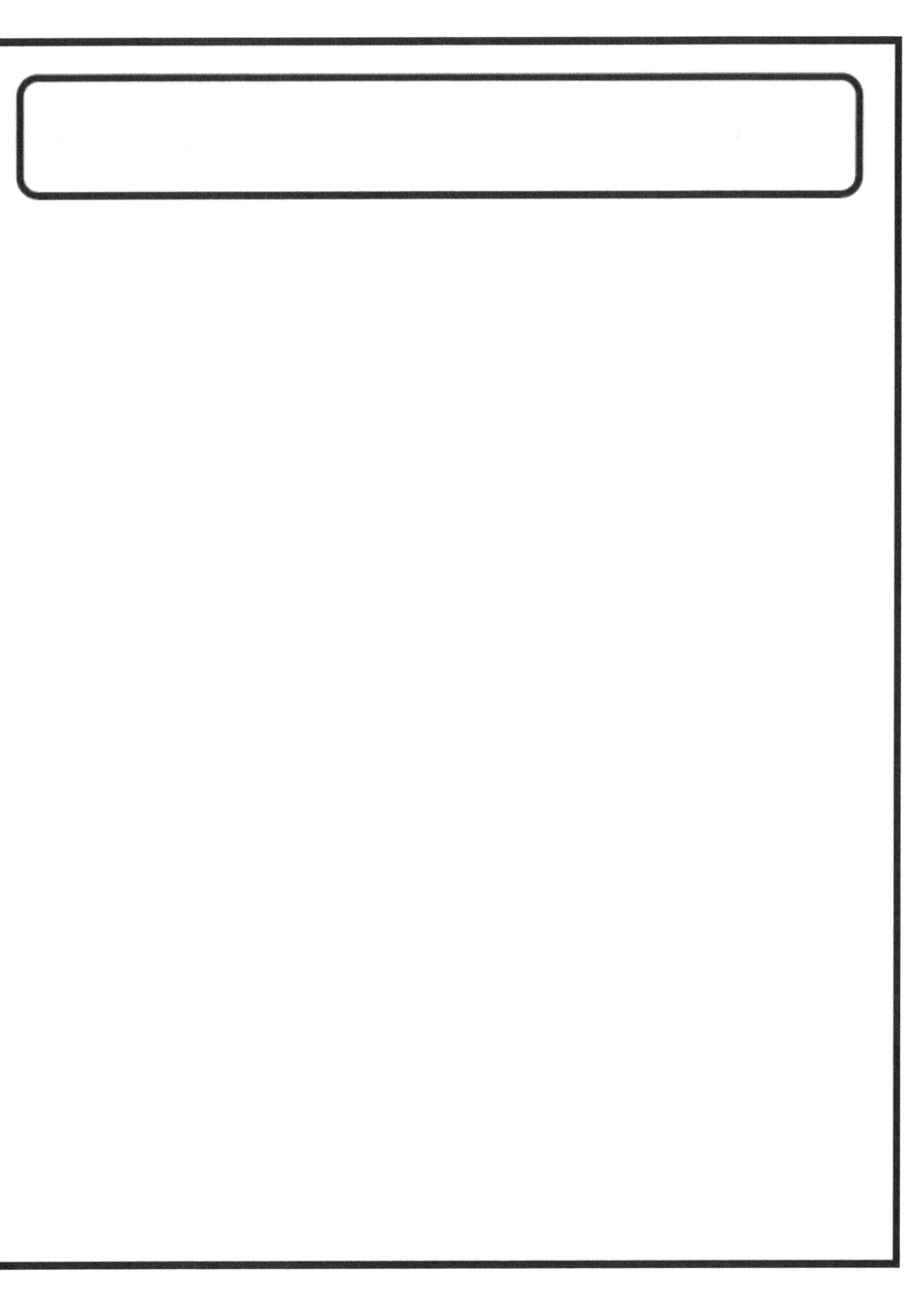

AEREO DA COMBATTIMENTO LIBRO DA COLORARE

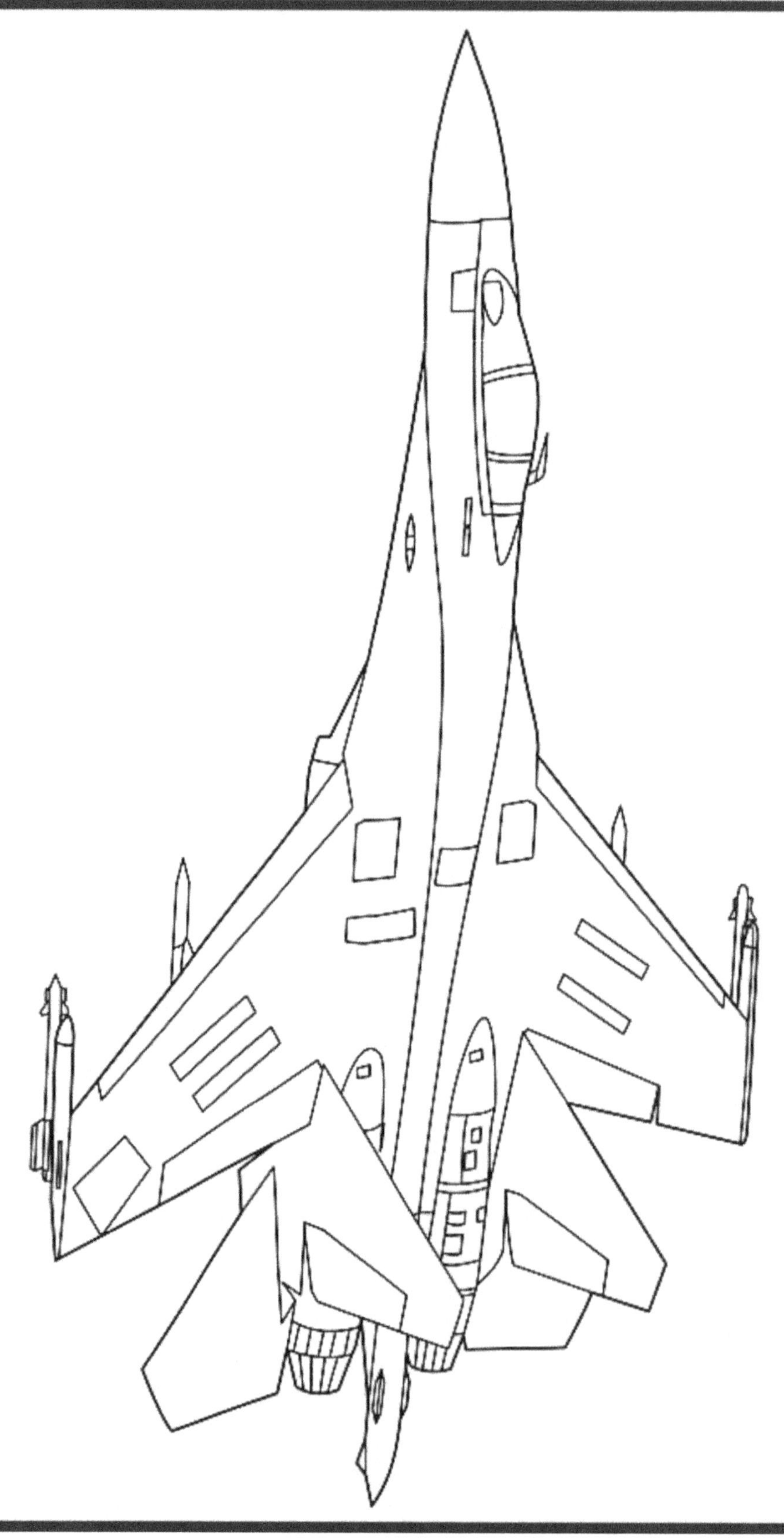

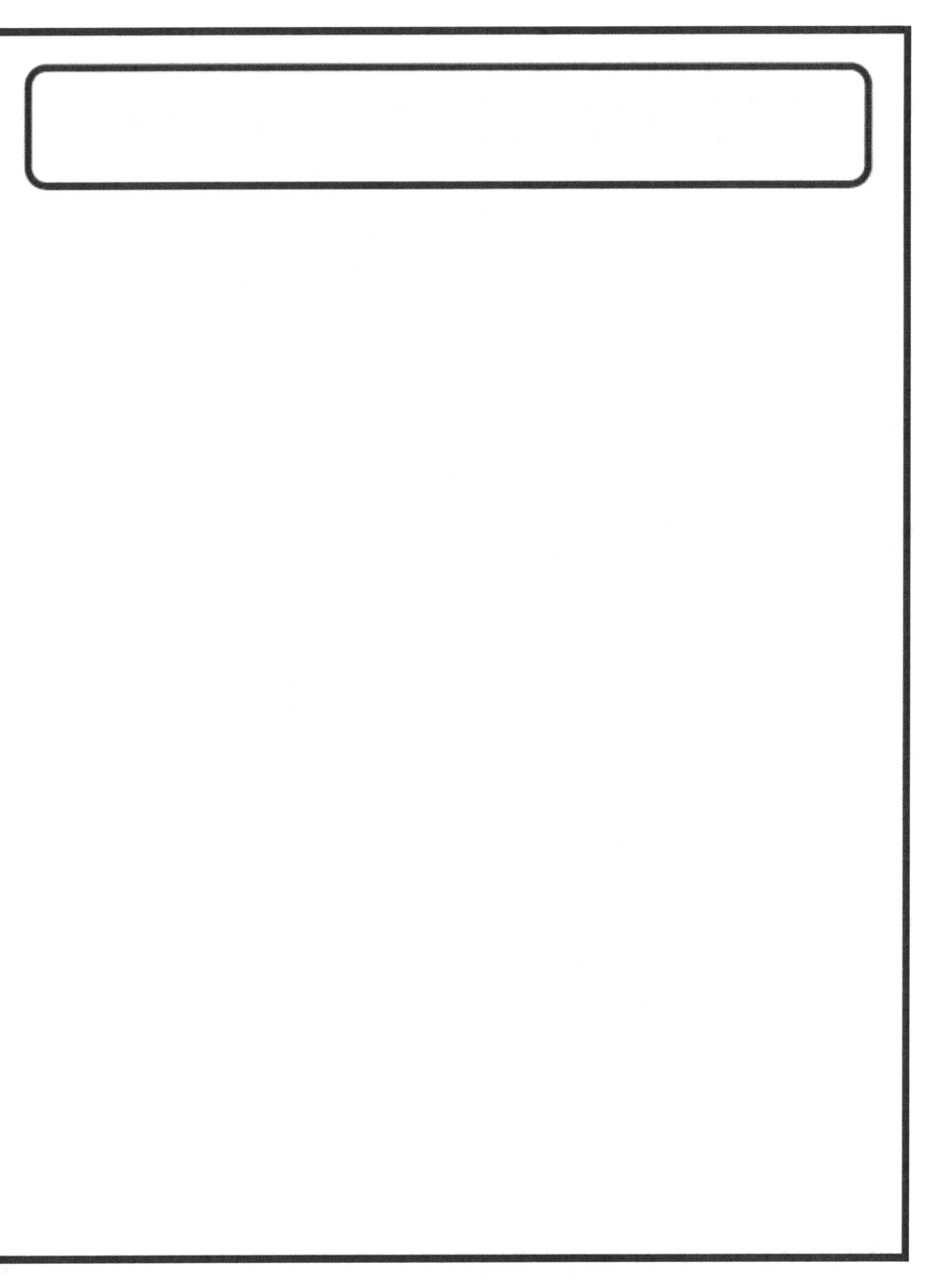

AEREO DA COMBATTIMENTO LIBRO DA COLORARE

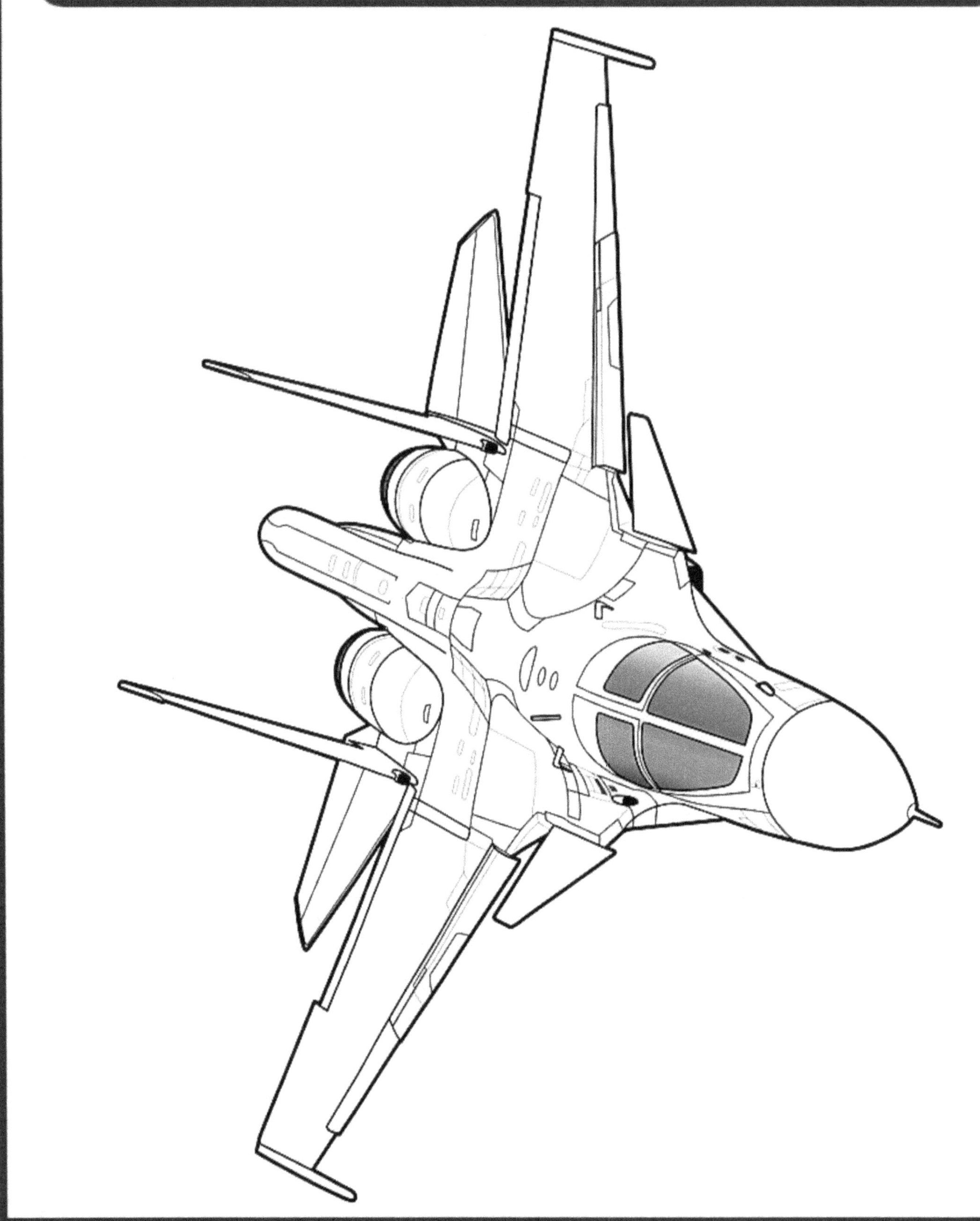

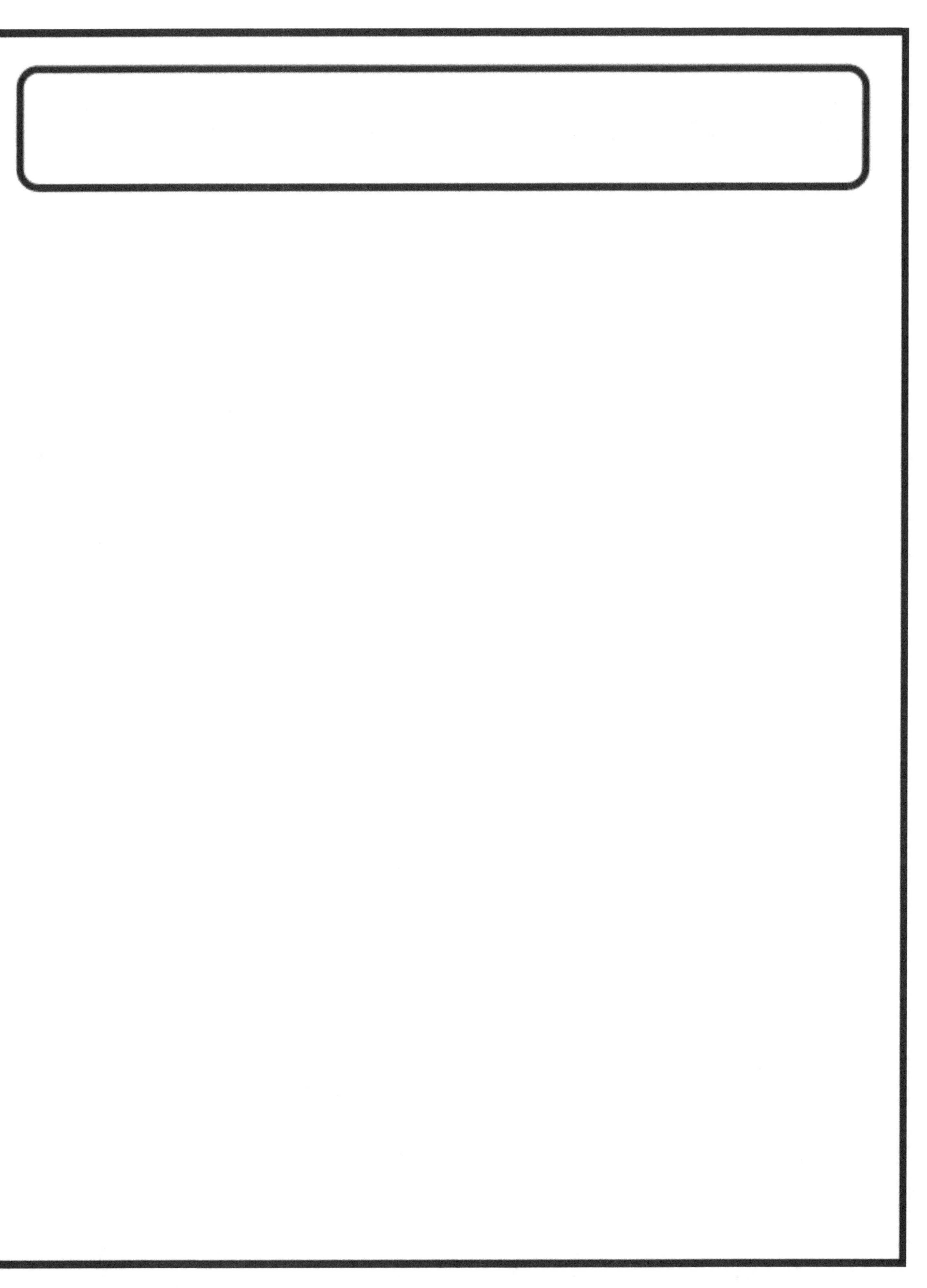

AEREO DA COMBATTIMENTO LIBRO DA COLORARE

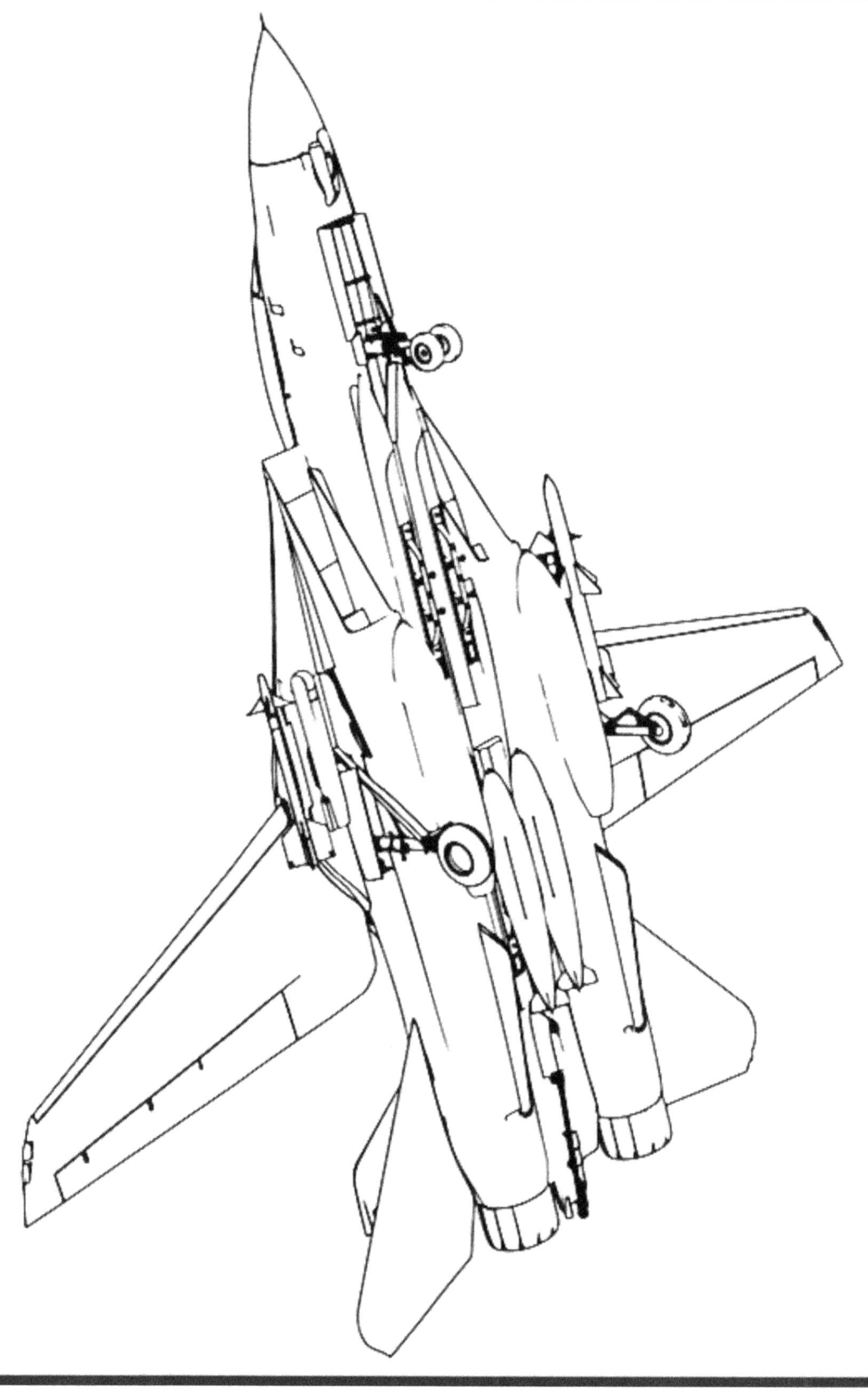

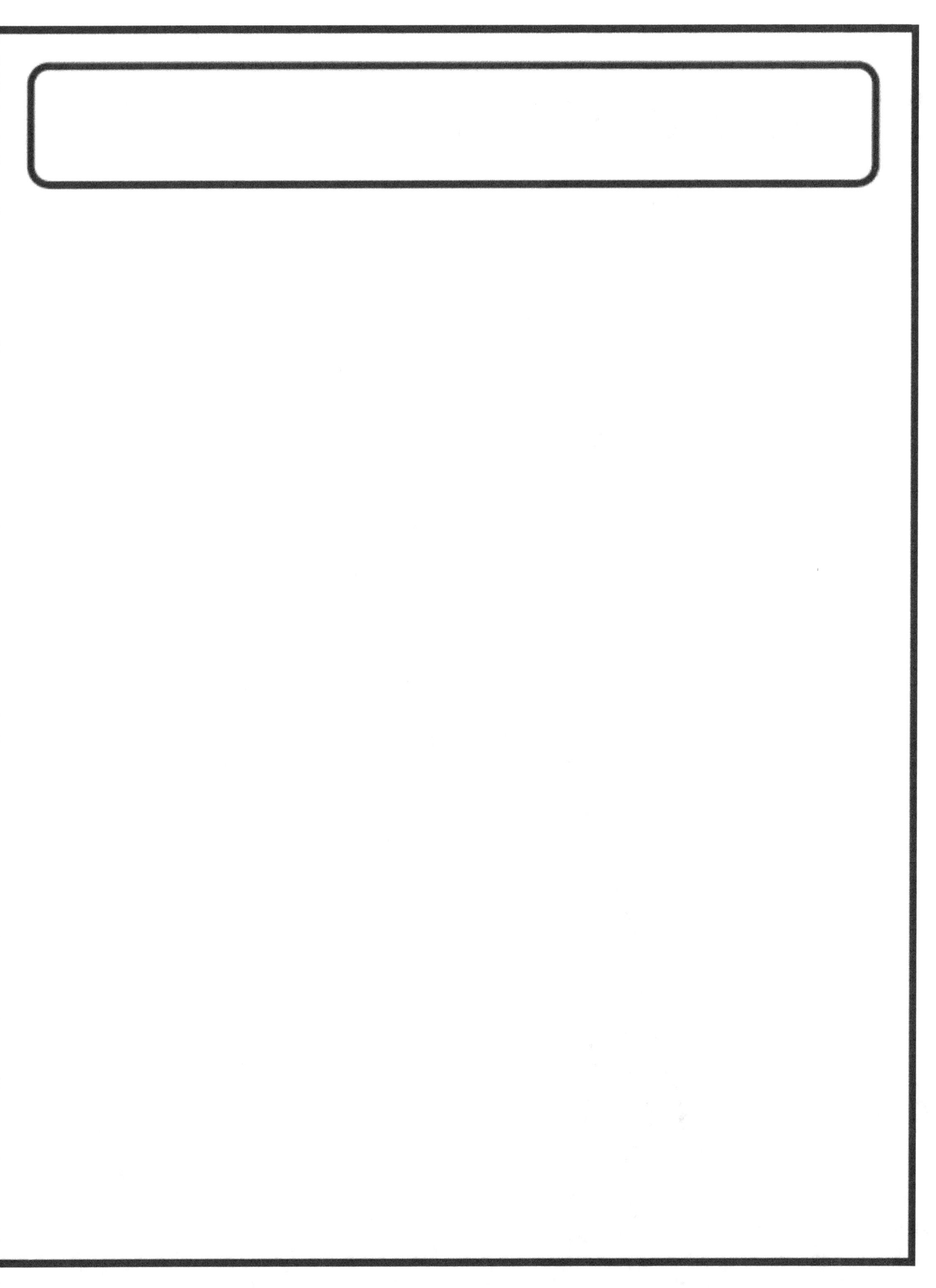

AEREO DA COMBATTIMENTO LIBRO DA COLORARE

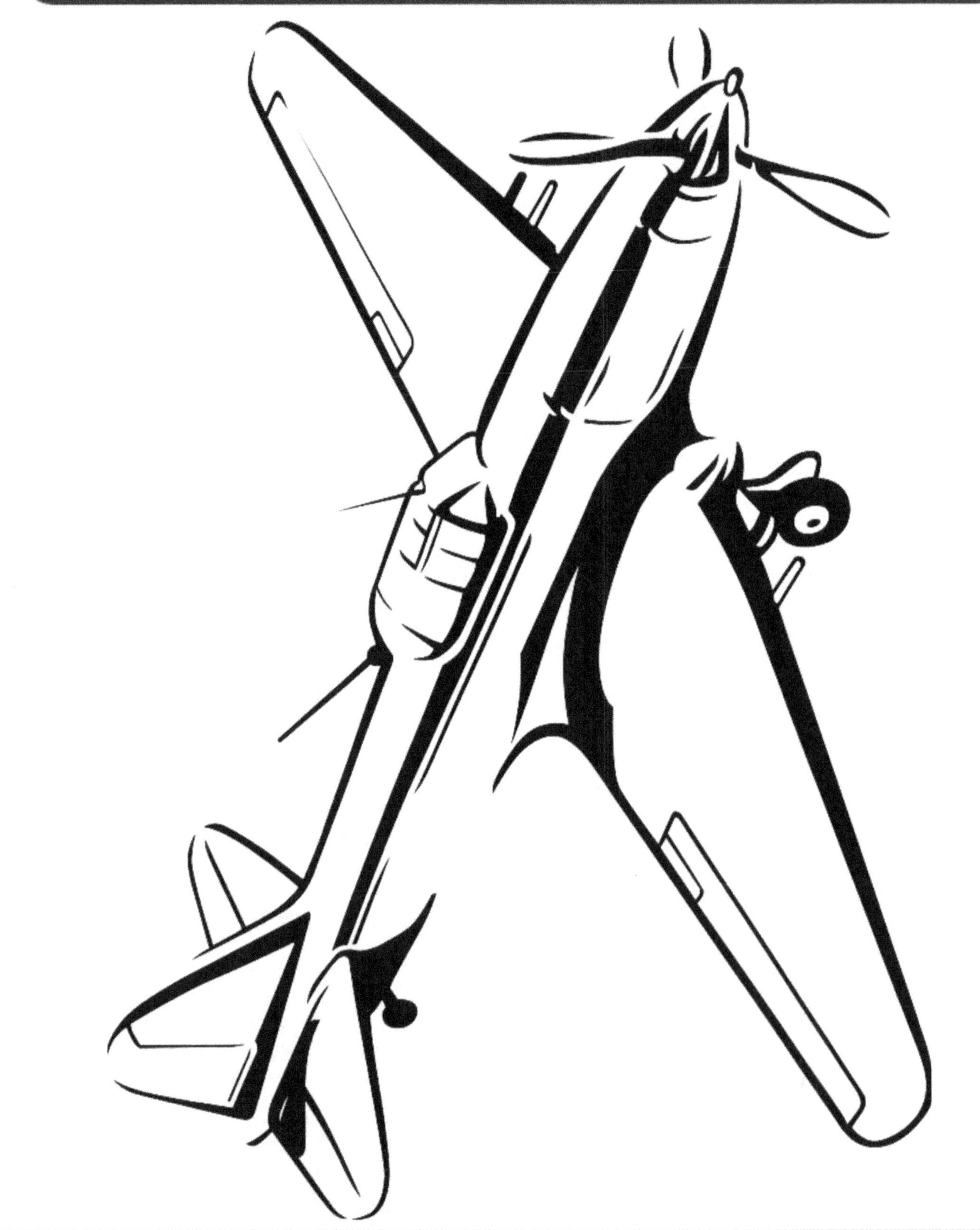

AEREO DA COMBATTIMENTO LIBRO DA COLORARE

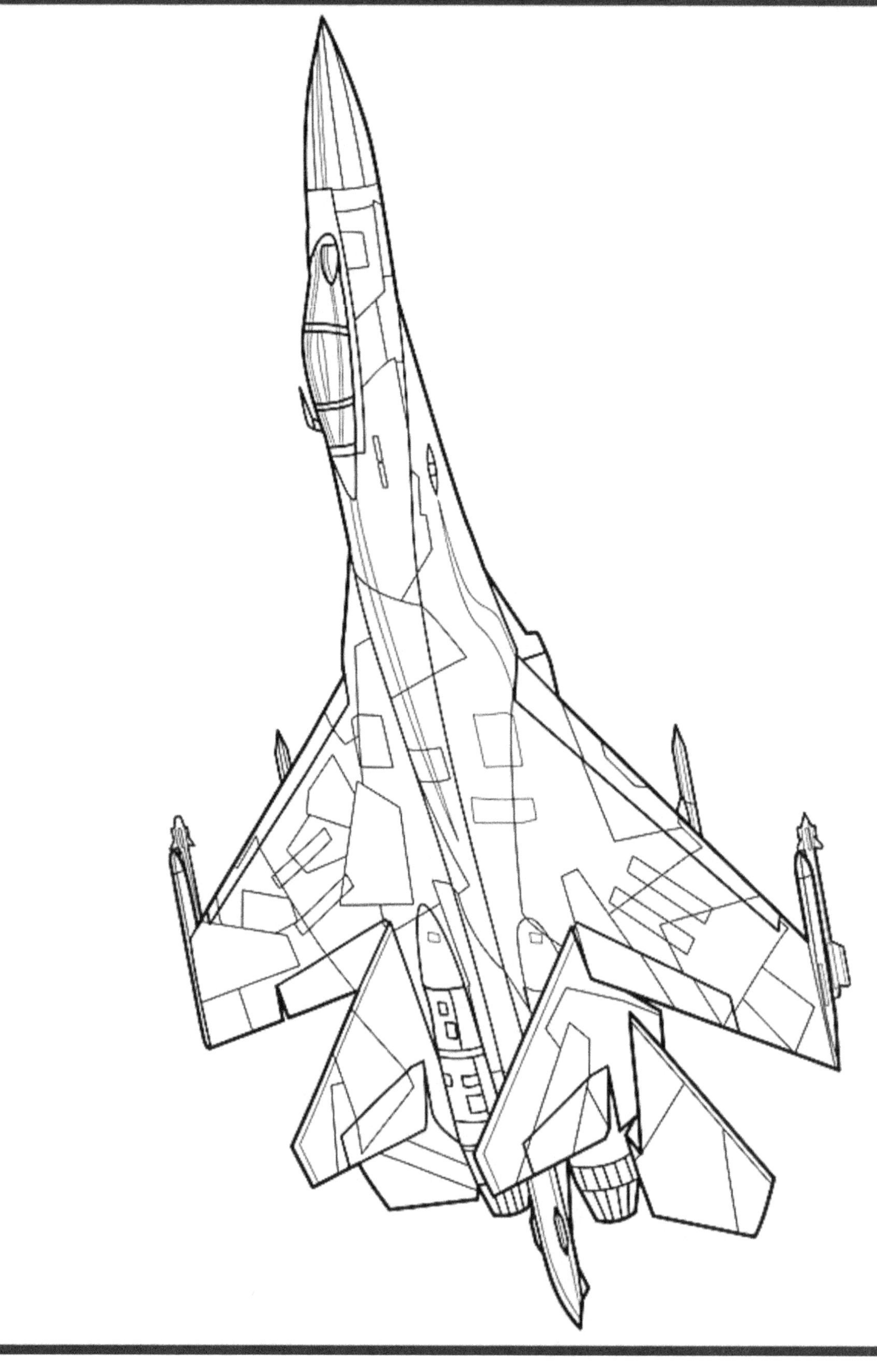

AEREO DA COMBATTIMENTO LIBRO DA COLORARE

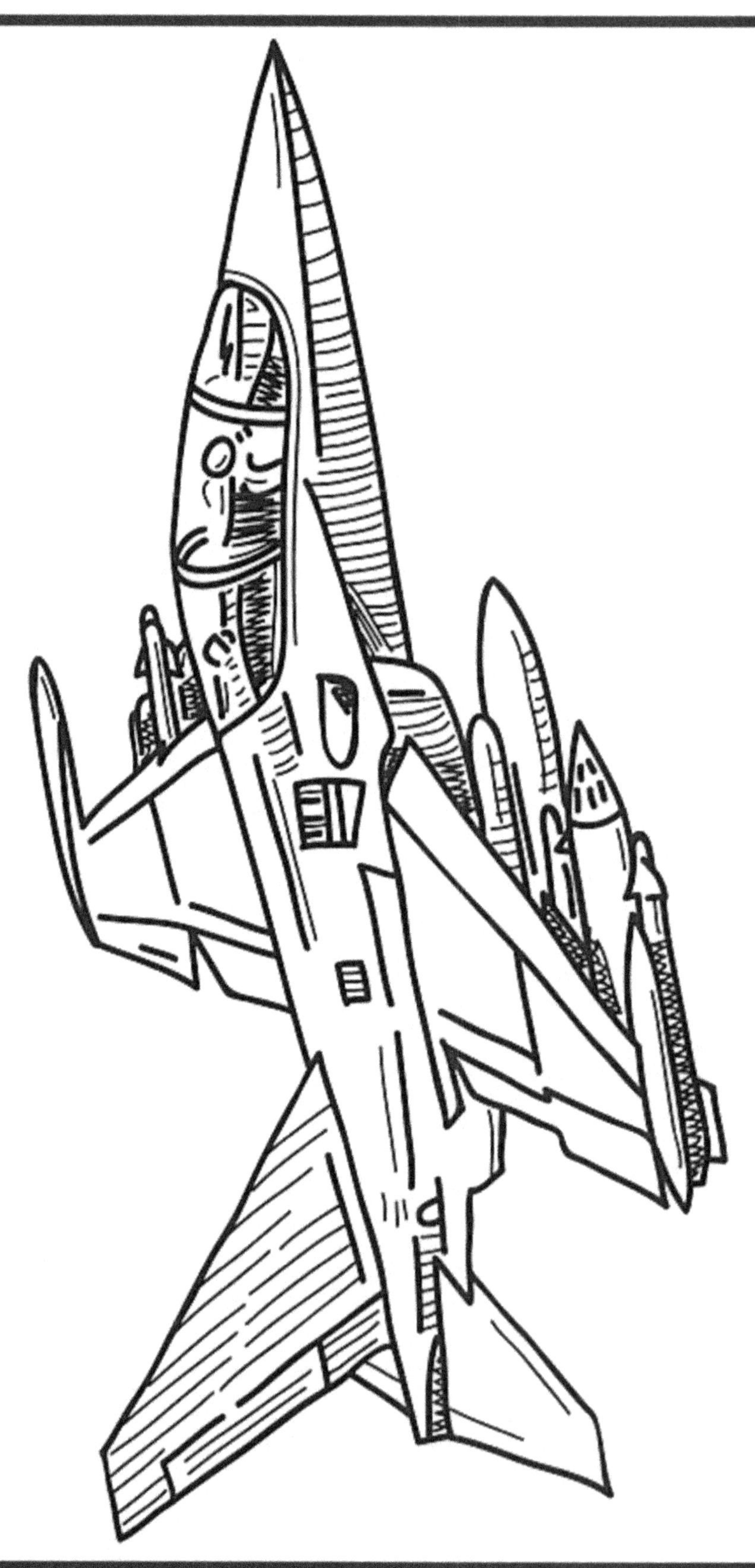

AEREO DA COMBATTIMENTO LIBRO DA COLORARE

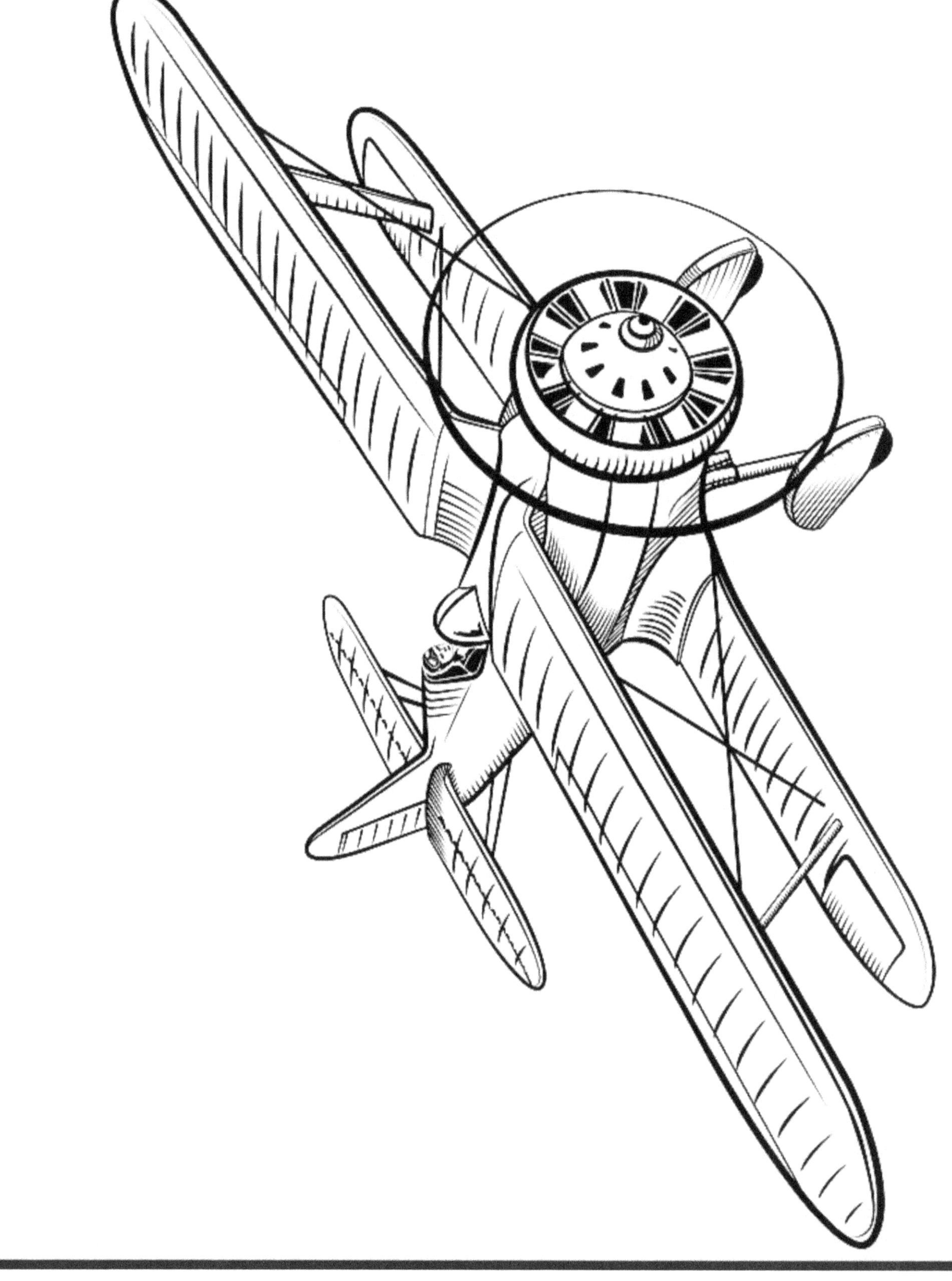

AEREO DA COMBATTIMENTO LIBRO DA COLORARE

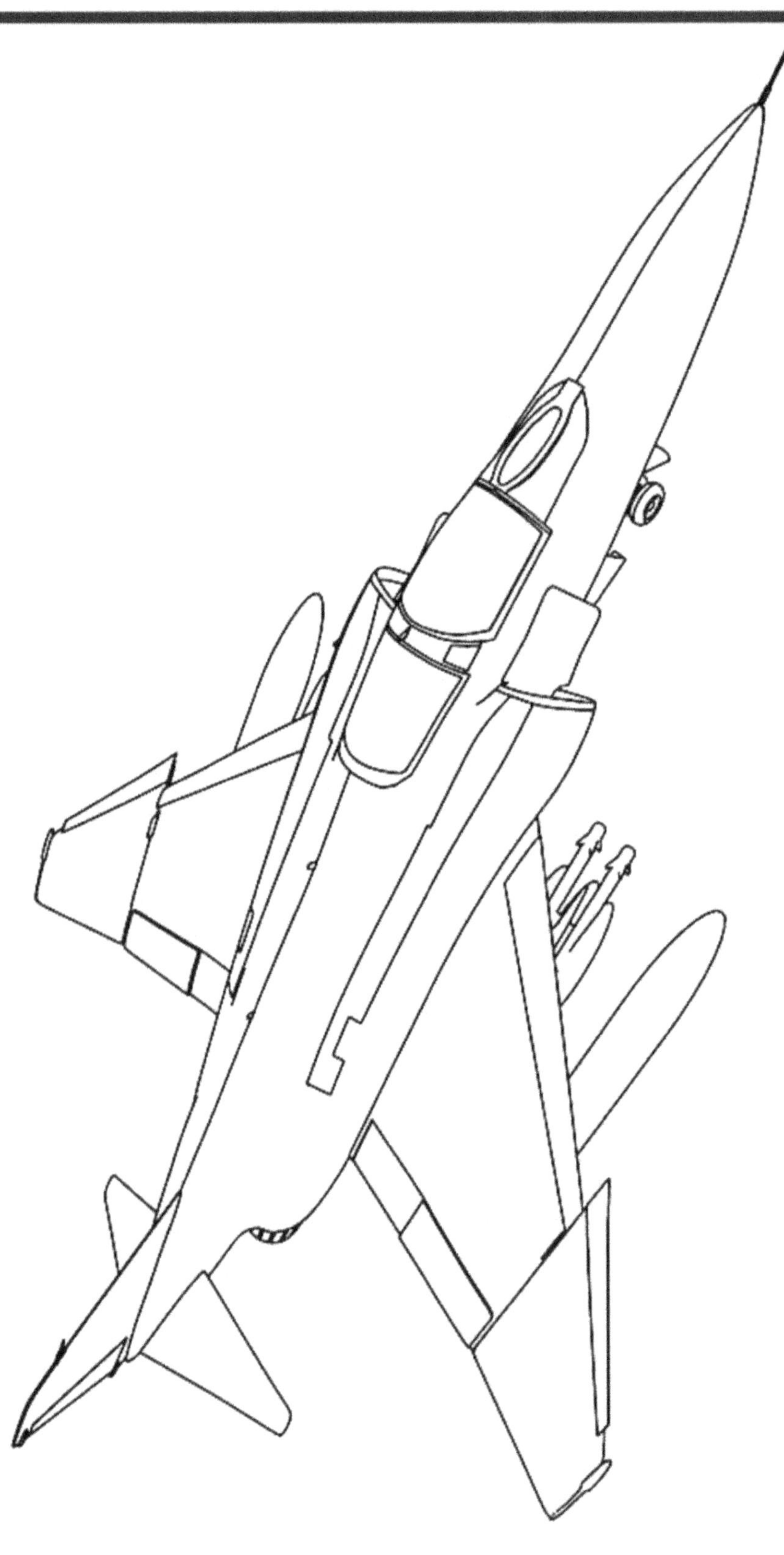

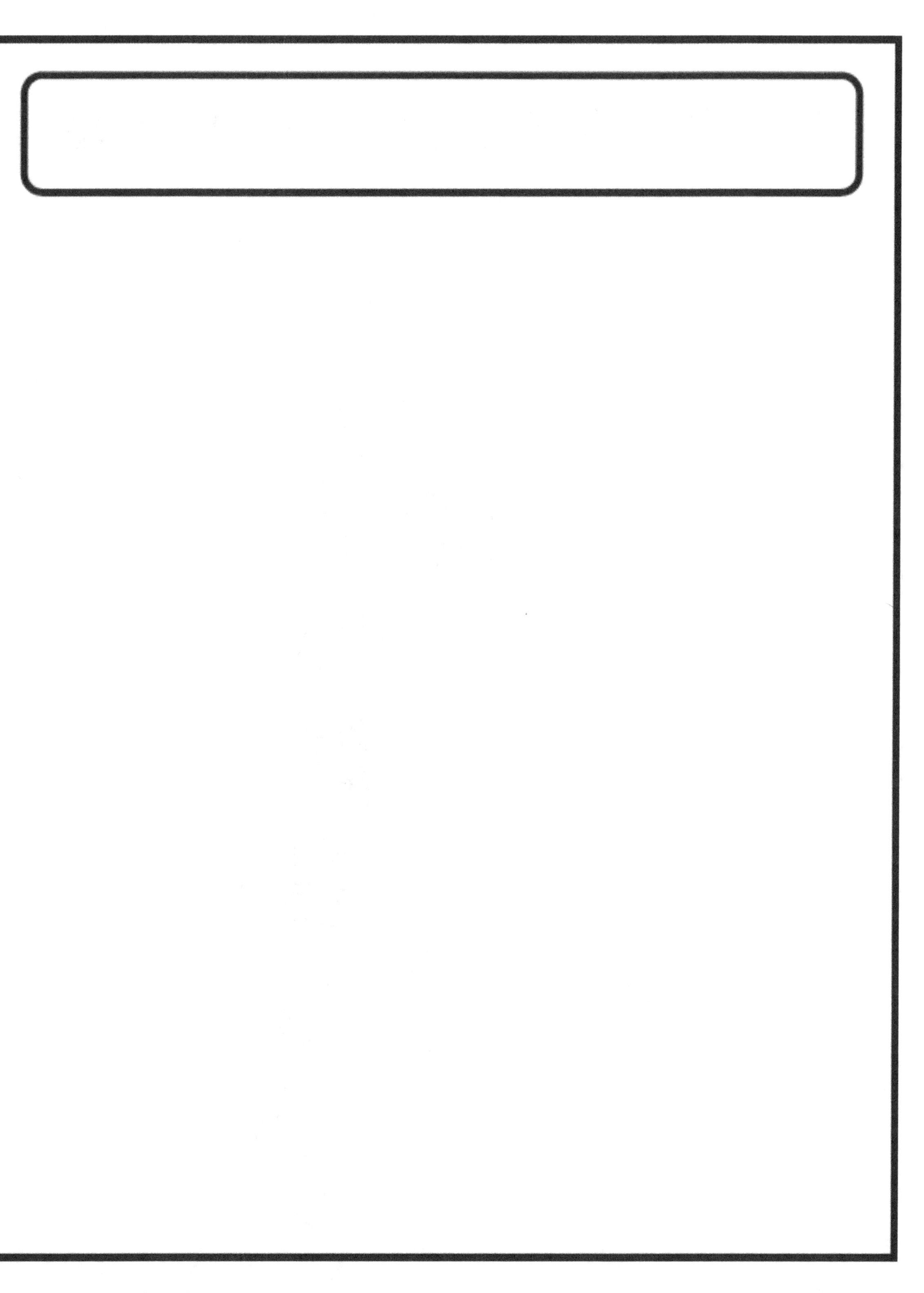

AEREO DA COMBATTIMENTO LIBRO DA COLORARE

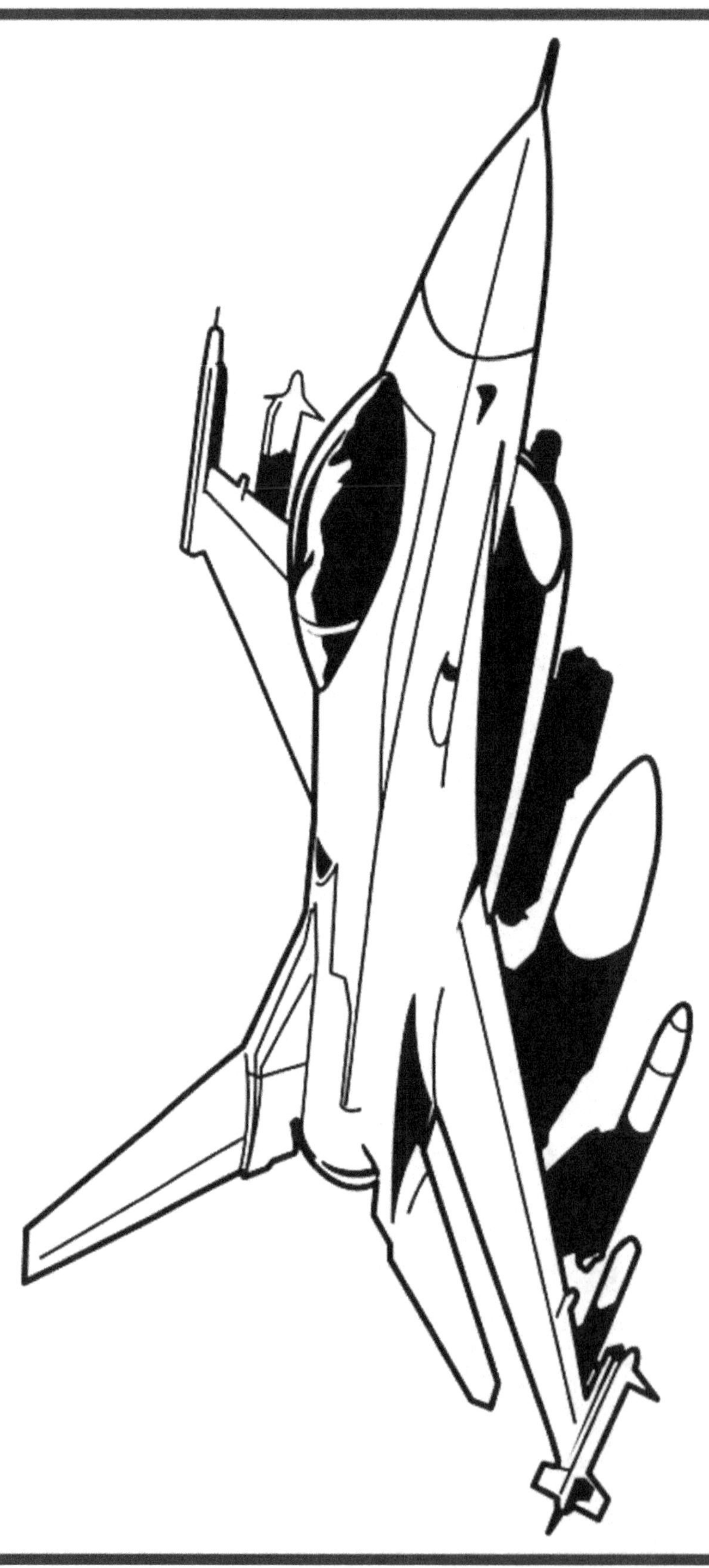

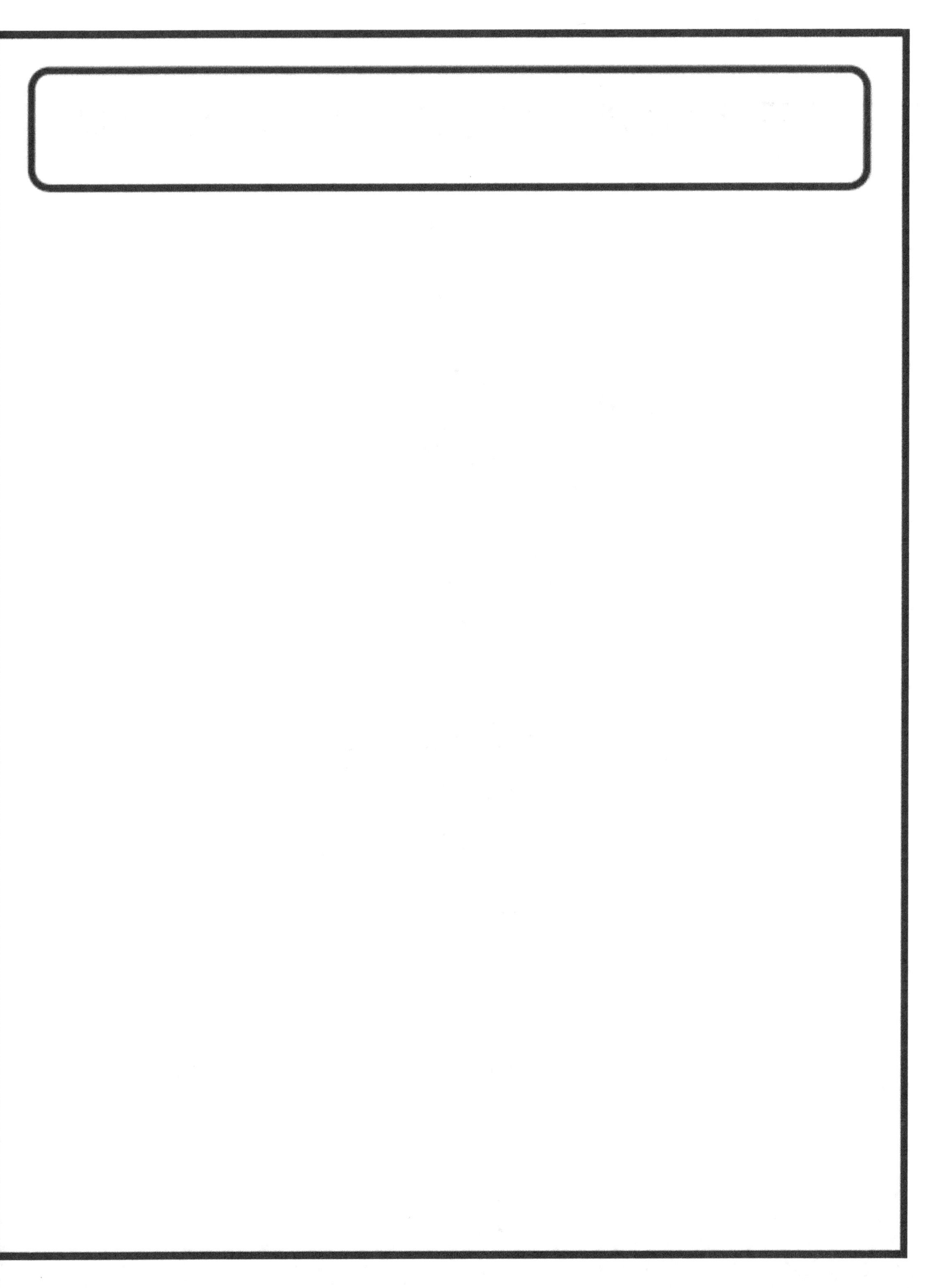

AEREO DA COMBATTIMENTO LIBRO DA COLORARE

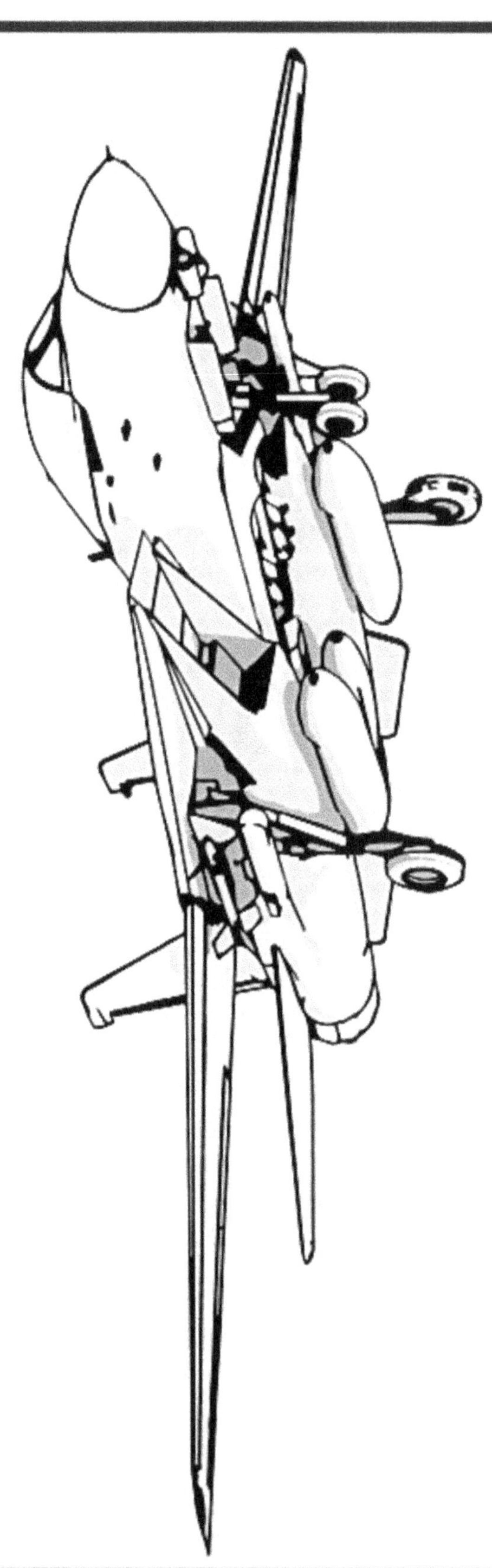

AEREO DA COMBATTIMENTO LIBRO DA COLORARE

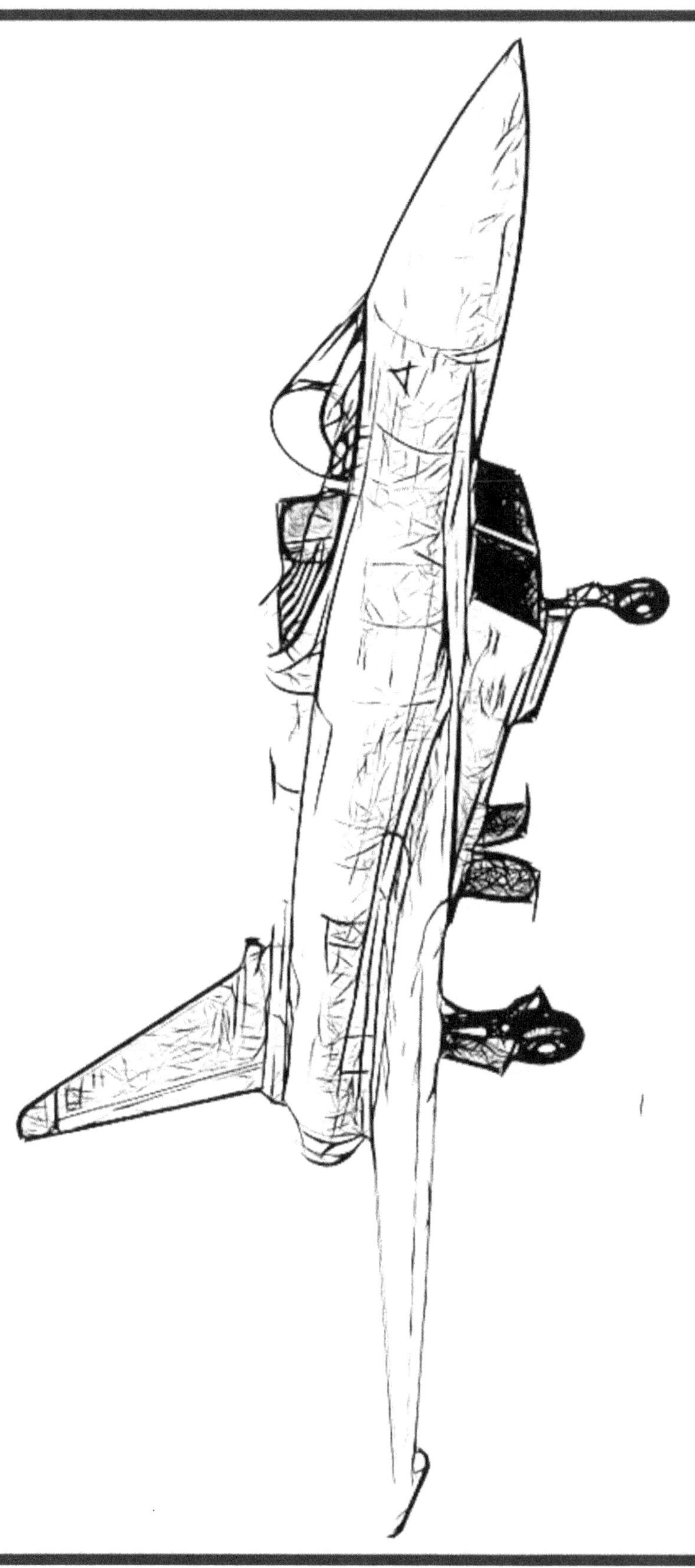

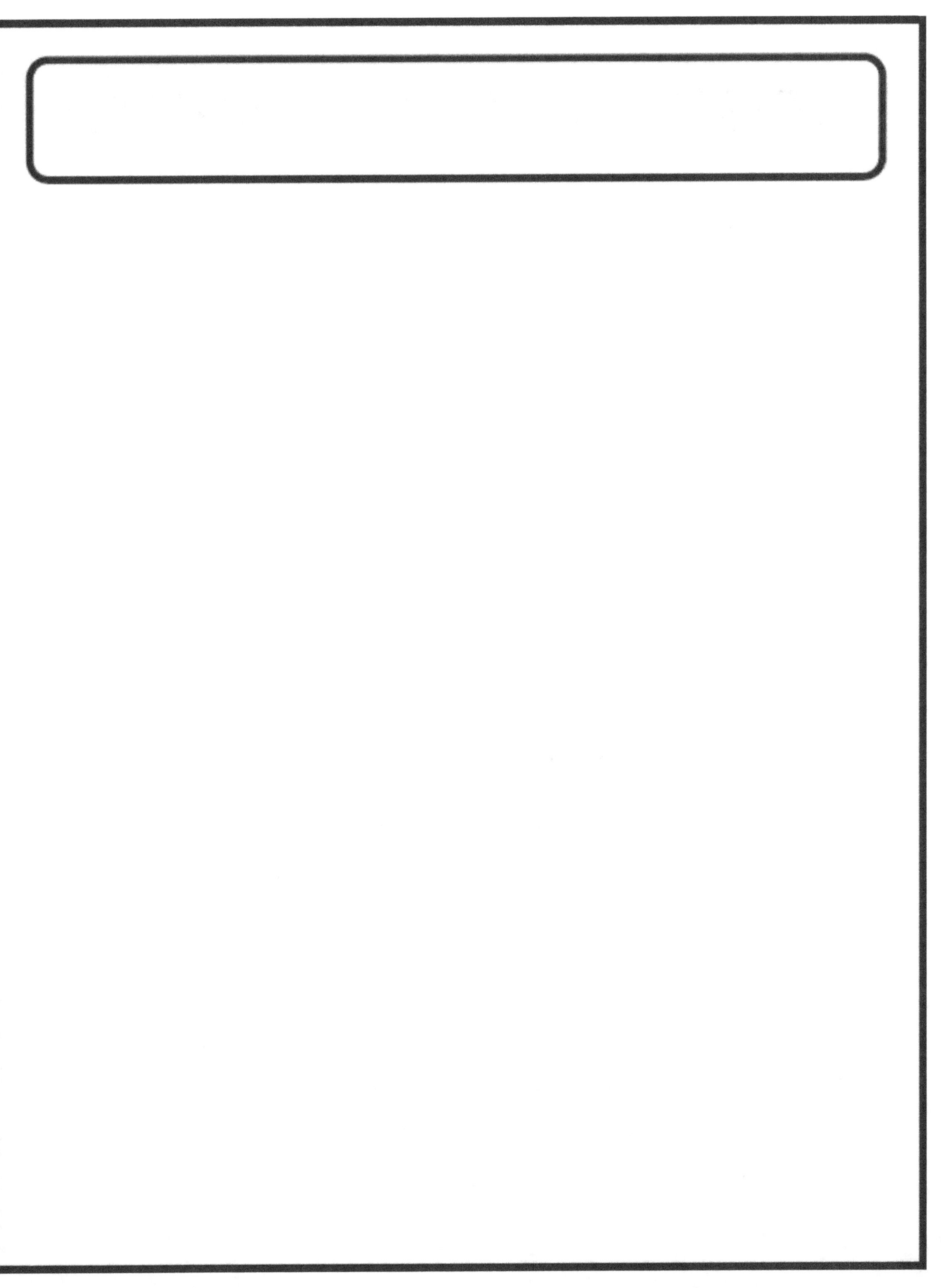

AEREO DA COMBATTIMENTO LIBRO DA COLORARE

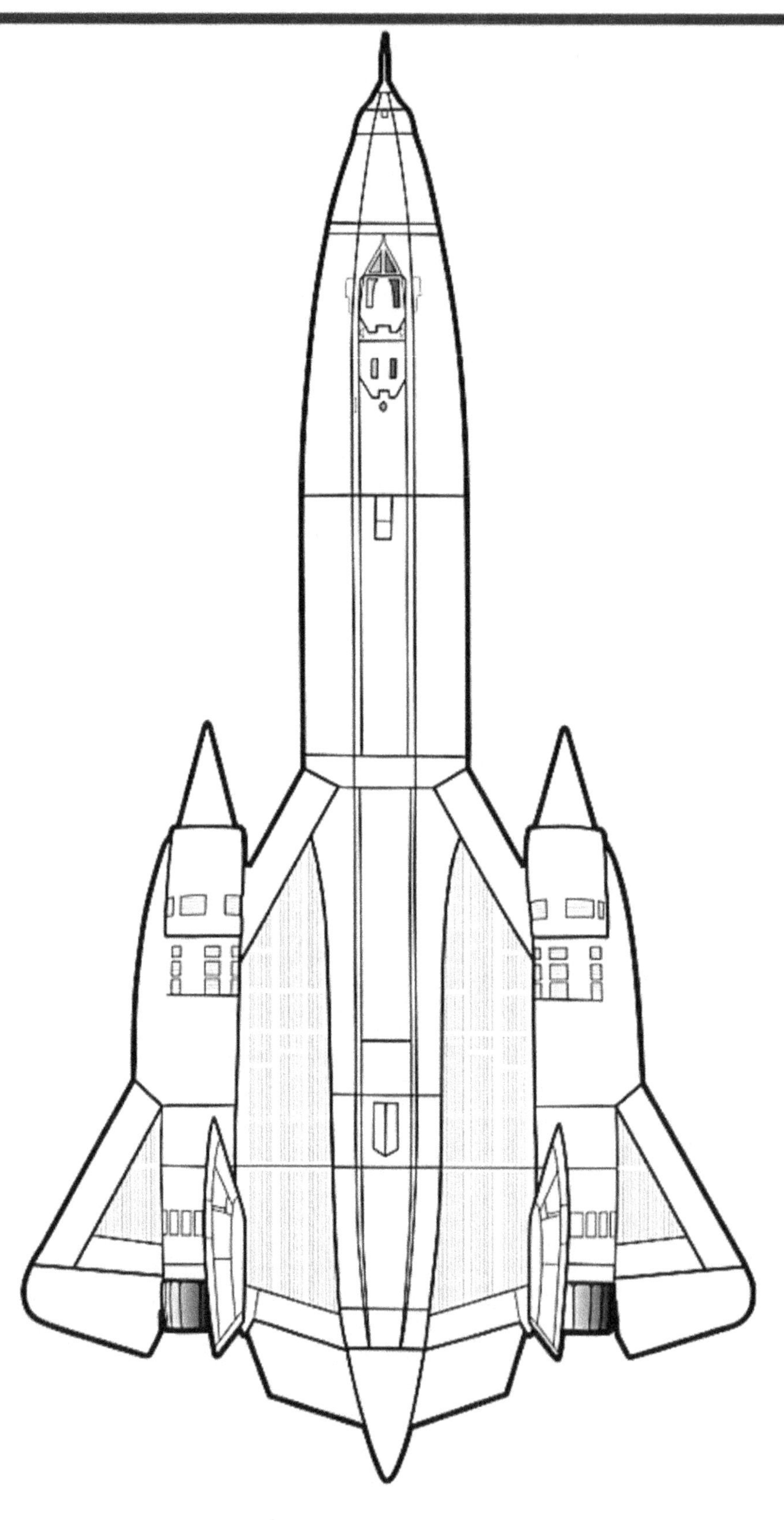

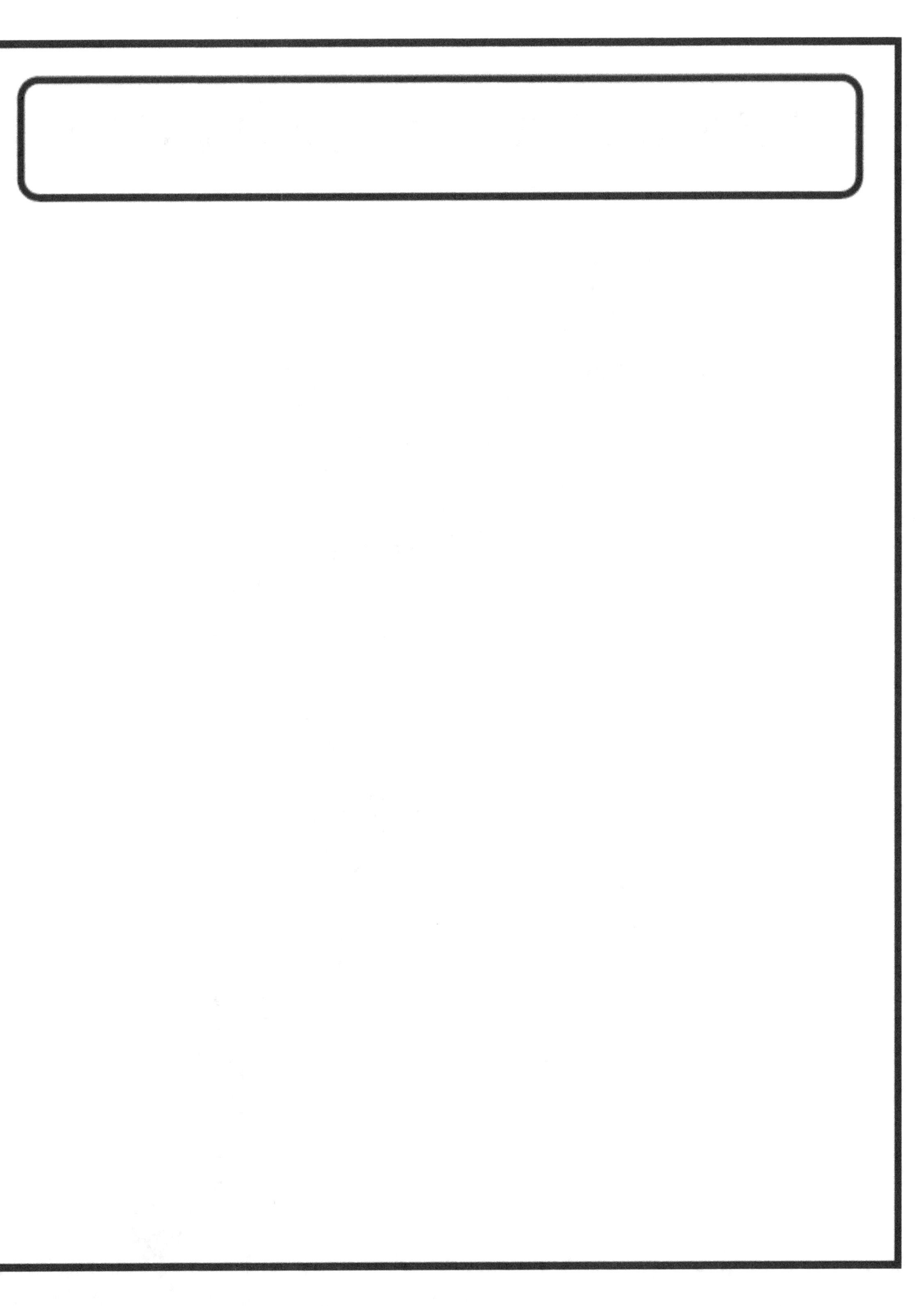

AEREO DA COMBATTIMENTO LIBRO DA COLORARE

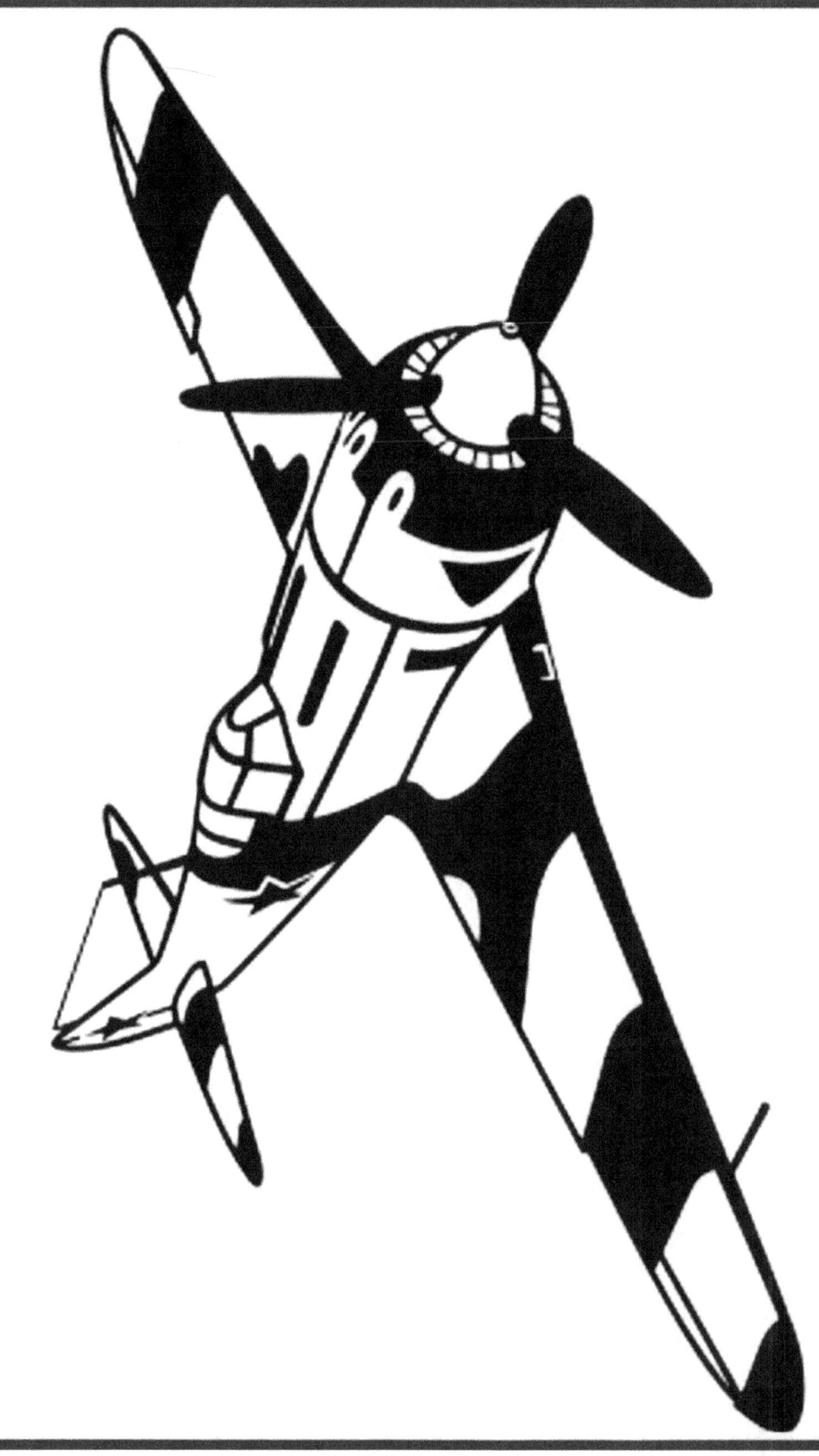

AEREO DA COMBATTIMENTO LIBRO DA COLORARE

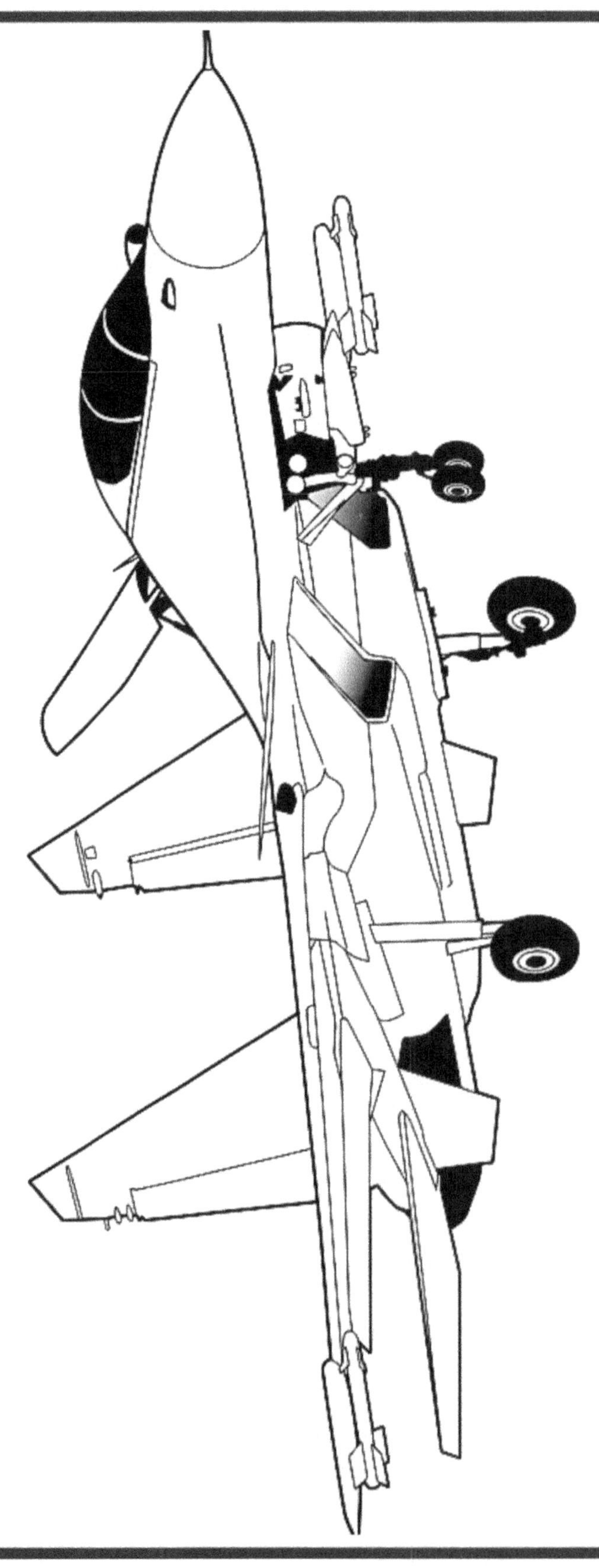

AEREO DA COMBATTIMENTO LIBRO DA COLORARE

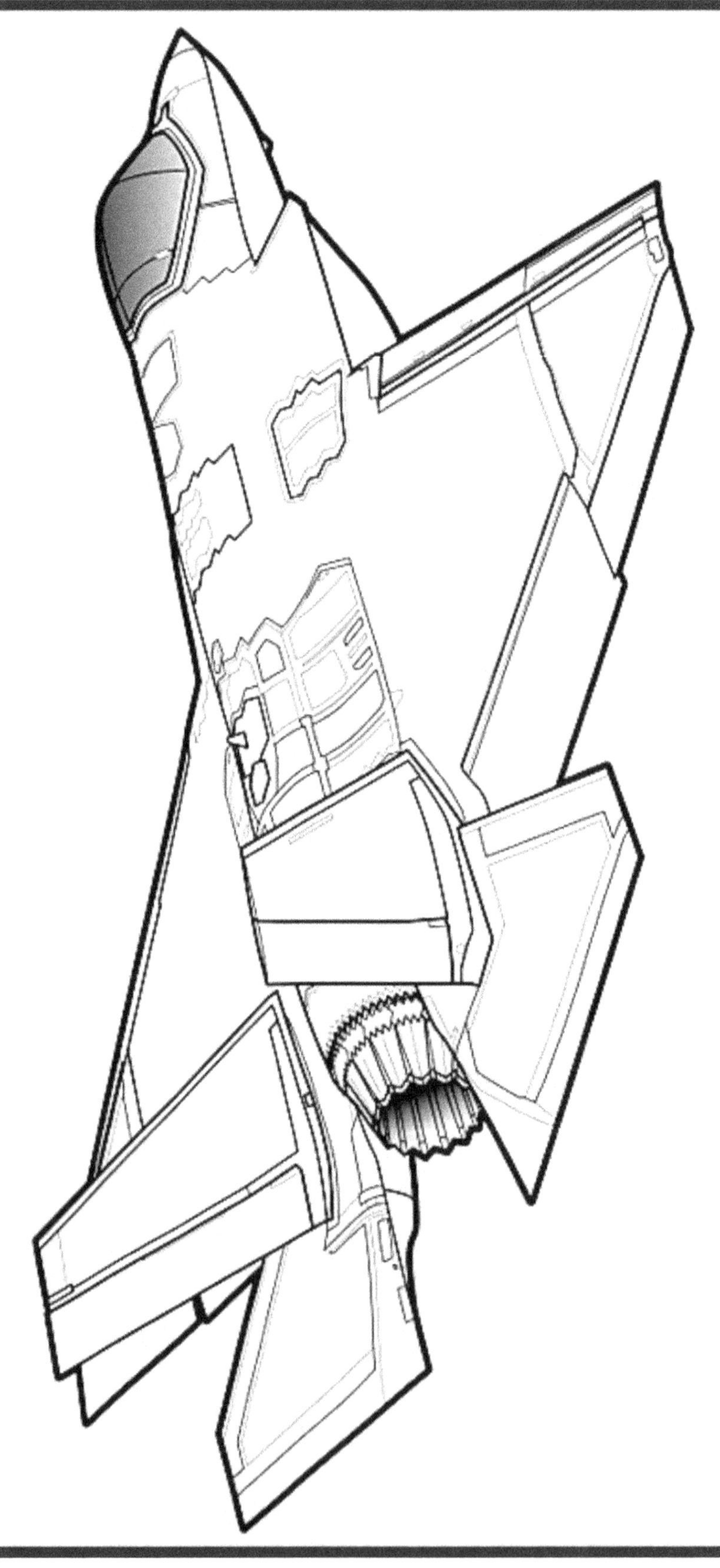

AEREO DA COMBATTIMENTO LIBRO DA COLORARE

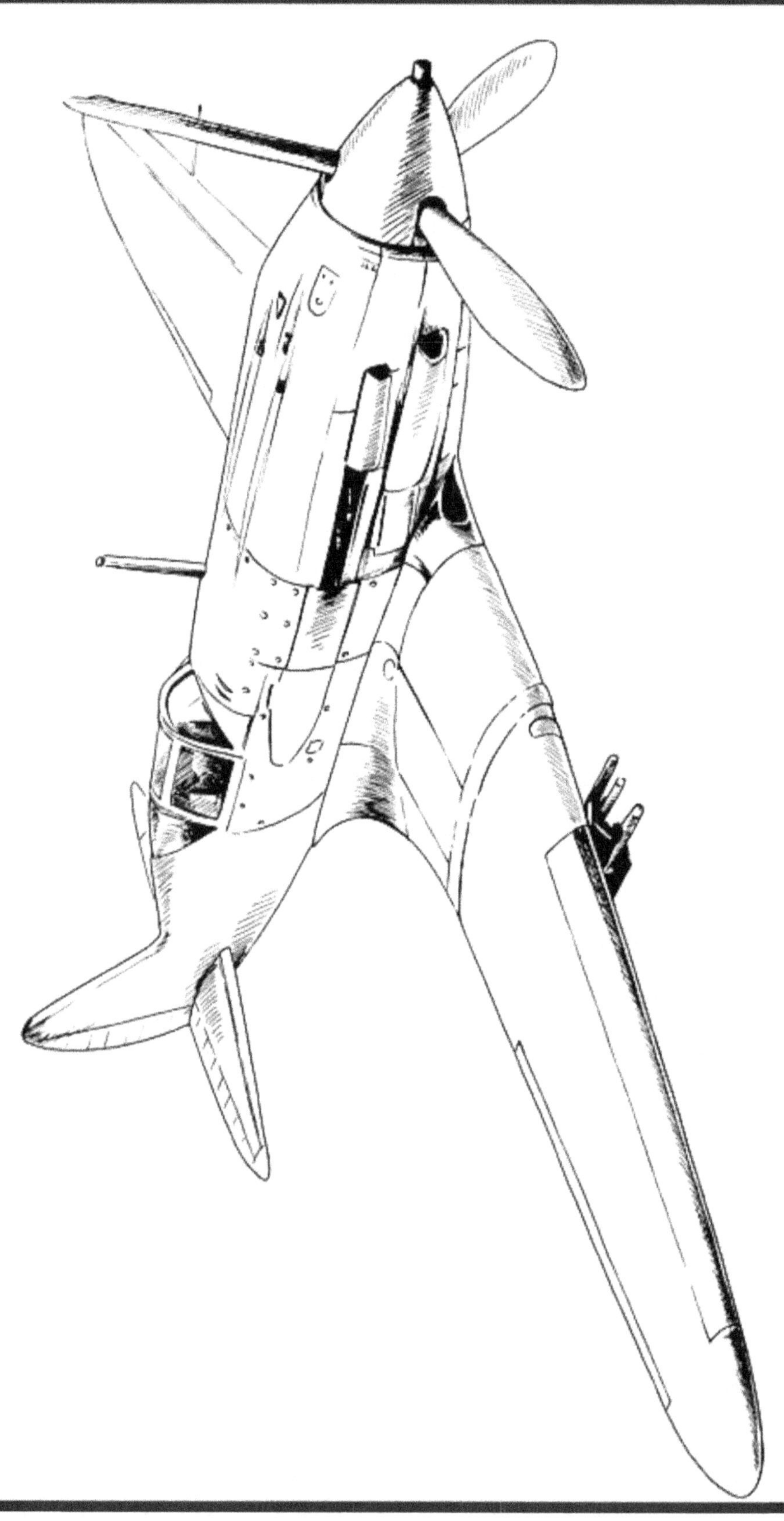

AEREO DA COMBATTIMENTO LIBRO DA COLORARE

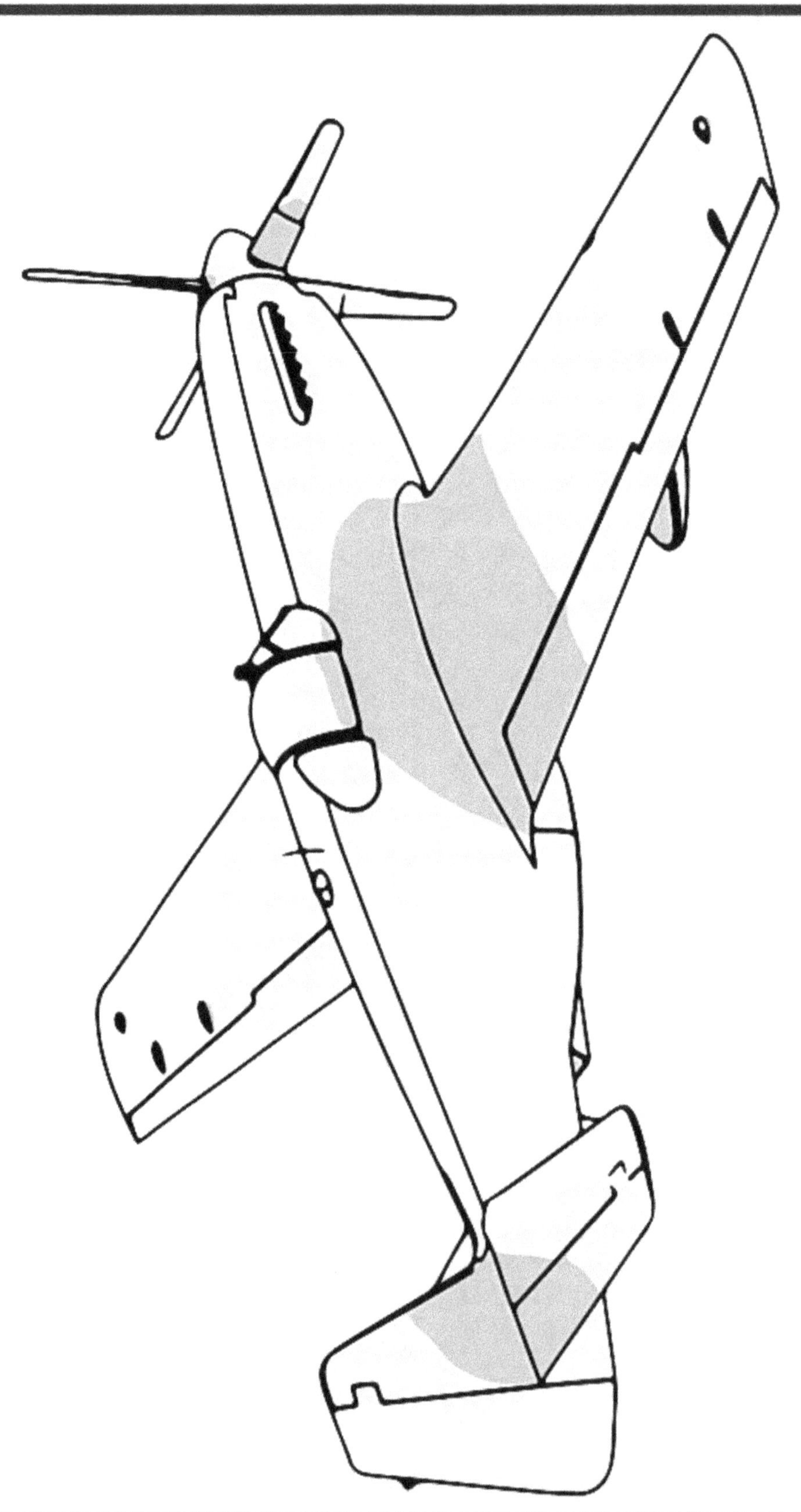

AEREO DA COMBATTIMENTO LIBRO DA COLORARE

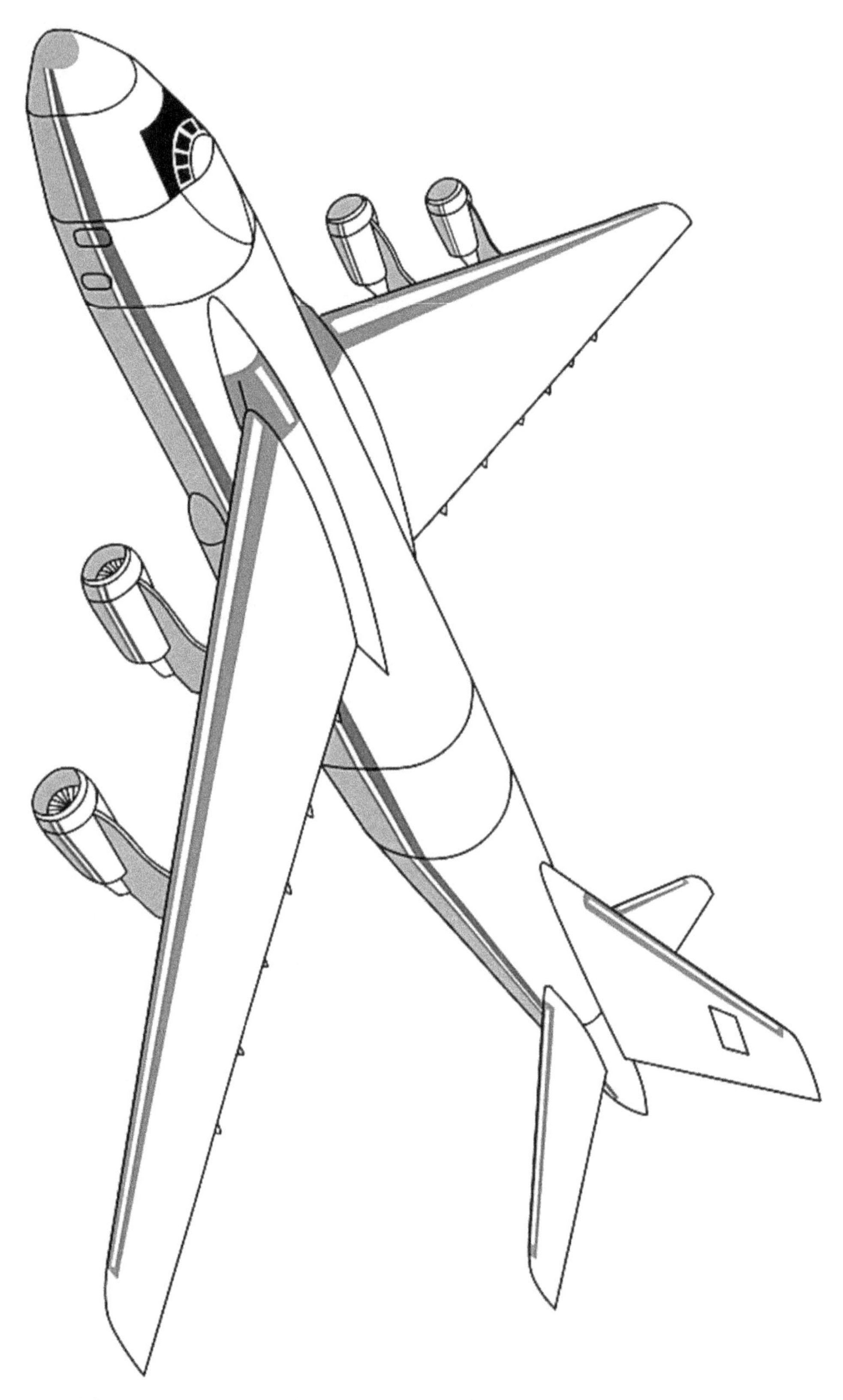

AEREO DA COMBATTIMENTO LIBRO DA COLORARE

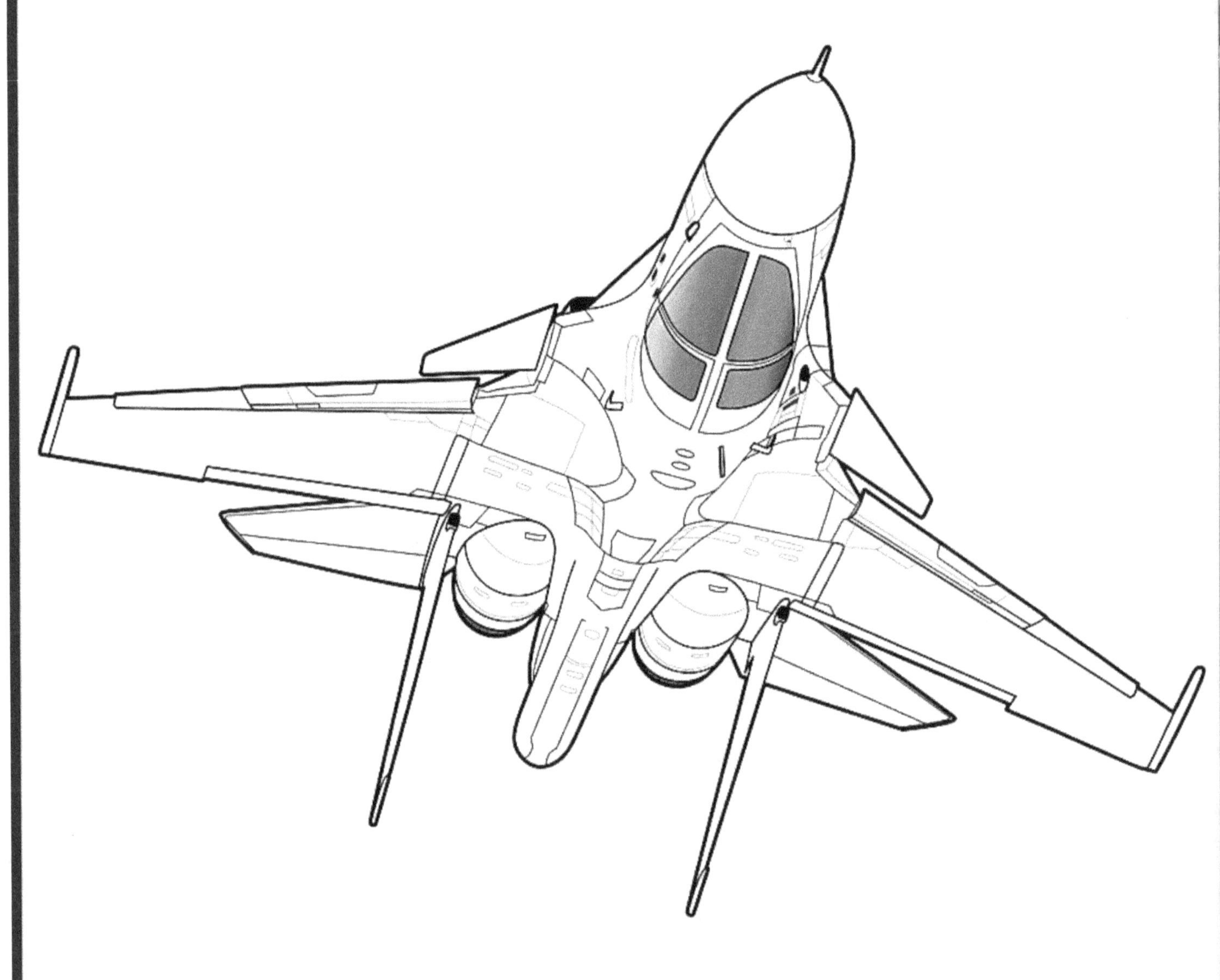